乘一根刺穿越大海

木叶 著

作家出版社

木叶

本名刘江涛。诗人，批评家。1974 年生于北京，毕业于复旦大学历史系，现为《上海文化》编辑，中国现代文学馆特聘研究员。著有随笔集《那些无法赞美的》、评论集《水底的火焰：当代作家的叙事之夜》、主题访谈集《先锋之刃：一份新世纪文学备忘》等。编有金克木集《梵佛间》和废名集《少时读书》。自印有诗集《云》（1997）和《白色的乌鸦》。获中国时报文学奖·诗歌评审奖。受邀参加多米尼加国际诗歌节（2024）。

地球是一颗种子。

——切斯瓦夫·米沃什

告诉我们这是新的美。因为
我们吻过的已经失去了自由……

——穆旦

目录

第二辑　漫长的序章

(2018—1993)

第三辑　时间晶体

（2023—1997）

世纪之交的十四行（1997—2001）

故乡的神灵劫持我（2023—2006）

为水造一双眼睛（2016—2023）

| 第一辑 | 对现在的回忆

(*2024—2019*)

修改一首上个世纪的诗

······终于坐下来修改一首上个世纪的

诗。改了便会好吗？春天能修改一朵桃花

吗？一个人能修改自己吗？这个世纪

能修改上个世纪吗？只是真快，

没好好抱抱妈妈，没在活动时谈谈自由和爱，

新世纪就过去了四分之一。如同犯下罪过，

然后什么都没发生似的宽恕了自己。

也算不得宽恕，仅仅是雪覆盖了雪。耻

在脸上化成胶原蛋白。车过南京西路，

收到微信："她将去美国，聚吗？"

美国不远，她也曾不远。

有些事就像这诗稿，漫漶而尖锐。

有一种泪水你无法修改。有一种

面目全非你无法修改。有一种梦想和疯狂
你无法修改。坐下来和曾经的自己相对，
谁也没做声。上个世纪你还是少年，
和萤火虫赛跑，和一块红布醉到天明，
易于愤怒，却不知道将有一个太阳没心

也没肺地升起。有一颗子弹将缔造盛世，有

一种暧昧无法修改，有一种"新"无法修改。
冬虫夏草涨了，墓地涨了，房子涨了又落，
荷花笃定，荷尔蒙赞美夜晚，然后
瞟了你一眼。这多余的诗意！
多余即真理，你无法修改。

你无法修改。终究坐定，

回到草稿。世界从一串数字和俗语走出。

一枝红杏，两手空空，
满腹牢骚，口齿生香……
诗的中间部分越改越灰心，仿佛
一场以失败为算法的大奖赛。

一丛芦苇的战栗正助长一个黄昏。

上个世纪盛产灾难，人类因极端的梦而迷狂，
因餍足而匮乏；这个世纪创造着新的灾难，
大楼起飞，撞向一架飞机；嘴巴和大脑
起飞，撞向一根棉签；人类起飞，
撞向看不见的力。人工智能正在

修改一束光。光速时快时慢。

此刻，不急于做些什么。当一首诗化作
另一首诗，那些不可改变者改变着我们。
风斜着吹过来，一滴雨修改着大海，
一个词修改着词典，一条鱼剔除了一缕缕
嫩肉将一副完美的骨架归还给时间。

一些陈词和滥调正刷新着世界。

"一切诞生于爱"，这名言不影响有些斩首
在头脑内部完成。世界戴上面具，得到
诗。世界变得赤裸，得到诗。世界
覆盖世界，得到诗。世界
减去世界，得到诗。

上个世纪的雨停在此刻，像思凡，像来生。

2014年，2024年

大海

集齐了七个自己，

你终于来到小城霞浦，

看见一滴水里的七座大海，

看见一粒沙中的七十个诗人，

却无法安静地完成一首朴素的诗，

这时，大海正穿过一滴水，

穿过自己。

2024年9月草于福建的海滨之城霞浦

李白

关于唐，我可能比你知道得多一些，

便也多出一些悲哀与恨。

那一年，战争选择了盛世，

也选择了你和衰老。

传说中的昌隆轻轻一触就趋于崩溃，

这个民族甚至世界都在此发生巨大的弯曲。

你意识到了什么，从峰峦走出，

走向一个人，"为君谈笑净胡沙"①。

悲剧也选择了你，浪漫和现实一同卷入

"主义"的过山车：征战，下狱，流放，赦返。

于是，正史野史忙个不停，

"失节于永王"像"固穷相"一样②

----

① 出自李白。本诗多处引用或化用李白诗句。
② "失节于永王"出自苏轼。"固穷相"见于《酉阳杂俎》
  所载唐玄宗的话。

混入你，败坏你，也奇异地拓展你。

你看到的自己不完整，注定会有人不断

将不利于你的事和不属于你的诗记在你名下，

你用笑声令历史变得诡谲而可信。

没有一首诗能改变一个乱世，但可以改变诗人，

高适、岑参甚或王维均有所思有所为，

但未能重新发明一种诗学，唯有杜甫做到了。

你喜欢这个有棱角的人，但似乎还谈不上爱，

或许，你和时代一样并不真的理解他。

幸运在于，你和安史之乱一起

先是震撼他升腾他，后又重重拉回地面，

改变了他的视角和语法，诗的维度与难度，

进而改变了整个汉语诗歌。

你想做侠者，也想做仙者，隐者，

你说"不屈己，不干人"，却现实得要命，

满脑子功名，又呈为一派自然，

你让权力者看到天才，及其脆弱。

你伸手可摘星辰，却不能高声语。

你的局限是从不绝望，也无杀死自己的决心。

花儿、美酒与野蛮都生长在你身上，

你狂放，与空对饮，与影同眠，

你笑孔丘，歌苦寒，梦中与童子一起扫落英，

所有的诋毁和赞美都有着伤口一样的缝隙。

你年轻时，诗歌也年轻。

噫吁嚱，君不见，这是你；

愁杀，妒杀，笑杀，醉杀，这是你；

轻王侯，轻九鼎，轻舟已过万重山，这也是你。

你很多诗是唱出来的，歌且谣，有些东西变成针。

我和你没有代沟，就像你和庄子和敬亭山

没有代沟。夜深人静时不免会想，

在宣纸上写下狂草"李白"会发生什么？

万言不值一杯水，词语依旧，

依旧在上升，在上升中坠落。

通过你，人们懂得诗歌对诗歌的解放，

也体验到诗歌对诗歌的限制。

一个声音：李白如果活在今天，

依旧意味着自由精神，弹着琵琶唱摇滚。

又一个声音：依旧会困于体制。

又一个声音：依旧会在虚名与虚空中浪游。[①]

你说不清故乡在哪里，也不确定父亲之名，

却于举头与低头间为乡愁定了音，

并于悲愤与豪迈间命名了万古愁。

最神秘的是，你把宇宙视为流动的房间，

光是一把钥匙，万物和人在房间中交换身份。

在无尽的变幻中，你不断

看到另一道光，另一个自己。

你自身就是一个盛世，由一个个微型乱世构成，

或相反；你是一种真，由复杂与矛盾构成；

你是一两银子，借助欲念和劳作擦洗自己；

你是一只杯子，一次次将破碎斟入完满，

或相反。多少个月亮也造不出一个你，

你将月亮抛出去，又将自己抛出去。

你谪于天，谪于地，谪于自我。

---

① 三个声音见于网络，有化转。

大唐是你的身体，才华都给横溢掉了。

你终究不过是一个符号，超级具体而又抽象。

在历史的分水岭，你未能重新发明自己，

却同时发明了自己的敌人和继承者，

他们模仿你，背叛你，重写你，重写世界。

就像一度失去杜甫，并注定会反复失去他，

这个世界拥有你，又不得不一次次重新拥有你。

2024年5月

绝句

（当歌）

你哭了，你看了我写的诗，

伏在我的怀里，像月光一样。

像月光一样在人间无声地哭泣。

我这次写的是很少见的，明亮欢愉的，诗。

2024 年

有人在花圈上采摘花朵

遗体告别仪式即将结束之际，

有一个人开始在花圈上采摘花朵，

悄悄地出现了第二、第三个人。

你无意看见，先是不解继而仿佛有所悟。

这花似乎已开放于时间之外。

厅很大，花圈花篮很多，

你向这几个采摘者走去，

看上去，他们并没为花圈花篮减少什么，

自然也未增加。大家没注意到，

或视而不见，各自散去或因发现了

久违的朋友而激动，转瞬又肃穆下来。

那几个人兀自默默采摘着花朵。

柔软洁白的菊花。雌蕊和雄蕊。

在皮囊之上，在看不见的火焰之上。

总会有一只手，动作轻盈，

就像在采摘一种"无"，就像

在采摘小小的灵，小小的终结或开端。

2023年10月

c小调第十三号夜曲，或为一首诗命名

随着旋律写下一首诗，想称之为黑夜的

礼物，或黑夜从未缺席于任何一天，

或对黑夜的模仿，或秋天深了，

每少一个诗人就少一个夜晚，

或黑夜过去，看起来并没有什么染上黑色。

2023 年

乘龙

　　黄昏，少年去厢房取米，他已到了能为父母搭把手的年纪。揭开米缸的盖子，少年怔住了，里面盘着一条蛇，像是悬浮在米粒之上，凌厉的头微微腾起，在看少年又未必在看。两秒钟，似乎两秒钟天就黑了，唯独缸内透出一种明亮，那种彩色的炫目的亮。他把盖子丢在一边，退回厨房。拉着妈妈一同来到厢房。怯怯地向缸里看去，蛇依旧在。少年准备找根竿子将它赶走，妈妈一把拦住。然后，她匆匆向村里传闻有些神通的桂英奶奶家走去，不久回来了，淡定地说：老人家讲了三个字，"蛇乘龙"，其余也没听得很明白，似乎是说米和所有粮食就是龙，又似乎是说有一条龙就在我们周遭，没有人能看见，但它一直在长大，在变化。我们不用做什么，更不要惊扰，把盖子照旧盖上就好。少年有些迷惑：龙？乘龙？盖好盖子它怎么出来？就算它走了，这米还能吃吗？妈妈做了一个安静的手势，转身去做饭。这一夜，少年一直在想蛇到底是怎么进入米缸的，又莫非进入后自己盖严盖子，想着想着也就睡着了。次日一早，胆怯与好奇相博弈，终究他还是来到米缸前，犹豫了一下，又折返。近午，妈妈似乎要说些什么也打住。黄昏，少年又来到米缸前，缸完好，盖子完好。小心地打开，蛇已不见踪影，米的表面很自然地起伏。少年把厢房内的坛坛罐罐翻了一遍，终于定了心。妈妈不止一次说过，这口陶制的米缸是他们一九七〇年结婚时购置，一直很在意，几年后到底摔了个跟头，她没有说是自己所为还是少年与哥哥的杰作，只是说，盖子彻底碎了，缸体裂了一条细长的缝，漏水但是盛米没问题，后来就找来了圆形的主席像作为盖子。主席像是那个时代庄肃的标准像，只是有些斑驳，像身是纸质的，但经过了某种工艺，厚硬得刚好。像身比缸口要大出一圈，仿佛一顶完美的帽子。今天，少年才第一次认认真真地看了看这像，这缸，他们仿佛来自两个世界，又毫不违和。蛇，真的可以飞出米缸？蛇的存在是否根本就是一

018

个幻觉？至于龙，好吧。那一年少年九岁。而今，少年已届知天命之年。桂英奶奶身子弱而多病，但活过了百岁，不过也已去世多年。妈妈一直未讲那米最后是吃了是久久静置还是悄悄弃了。盖子和厢房均已毁坏无存，代之以一座新建的小楼令这个院落面目全非而又生出了某种秩序。唯有缸还在，只是已久未用来盛米，被移放在室外，接纳着四季八方的风霜雨雪，因细长裂缝的存在，这注定是一个永远也不会被水注满的器皿。静静举起弥漫的空气与空。这故事像是漫漶湮没的古代稗史，又像是发生在遥远未知的2323年。

2023年

当代绝句三首

（私信）

"有的词跪下，有的词化作膝盖或键盘；

有的词上升为屏幕，这新的神，新的被动语态；

还有的词躺平……流量为王催生梦想与叛乱。"

（短视频）

上半身活着，下半身已死——视频刚更新又删去。

时尚博主的配文反用了卡夫卡日记，原本是说孩子，

作者也不是卡夫卡，而是出自他1910年所引库斯敏的

《亚历山大大帝事迹》：下半身活着，上半身已死。

（音频）

女生一出国就和男友分了手，他不肯却也无果。

事情似乎就这么过去了。半年后的一天，

他潜入女生家，在闺房枯坐至黄昏，一跃而下。

我两次听到这段悲情，起初是音频后来还是音频。

版本有异，但都平静指出，她家的门完好窗也完好。

2023年，2024年

谁看过这张照片吗

一

你眼睛大大地盯向镜头，

就像一只蜻蜓想要飞出某个夏天。

你的背后是个小吃摊，

一位老人坐在那里。

她手持汤匙，呼吸均匀，

不在意近旁有一个美女和一架相机。

你知道她在背后，你若有所思。

你穿得清爽，她厚实严整，

你们不属于同一季节，

而属于同一时代。

弄堂有弄堂的现实，

字迹有字迹的主义：

"保护环境卫生，鸡鸭要圈养。"

这是中国特色标语中

最缺乏文采的一个，

却又具具体体，

令市中心和乡村交换了腰肢。

几根电线因为捆缚着屋宇

而捆缚着天空。

一辆自行车或永久，或飞鸽，

叠加于黑与白之间。

另一位老人背着手，

身子向前微倾，

以静止的方式缓缓走出镜头。

二

此前，你谈到了爱情，

此后，你去买了一把鸡毛菜。

照片的秘密往往在照片之外。

三

这一切在一部小说中消逝，

在另一部小说中隐秘地复活，变形。

四

好的照片就是一封情书，

或一份来自未来的遗嘱。

2023 年

致①

奥德修斯归来，被时间和空间充满。

——曼德尔施塔姆

大海无法令一滴水免疫，

也无法胜任一粒尘埃的梦，

就像无从修改十四亿分之一的耻，

时间就这样在新年之初短暂地悬停。

移动一束光，你

去往时间的外面，时间将你充盈；

移动一个词，你

来到空间的外面，空间将你充盈。

2023年1月15日

---

① 刘海涛，1972—2023。永远的赤子。写有诗、歌、随
　笔、评论和自传等。

疯秀英

如今，乡间再也见不到拾麦穗的人，
那是你留给我最自然而迷离的记忆：
散逸的长发像时间一样流淌下来，
遗落的麦穗获得了手的灵动与高度。

多年来，总是在人生低沉时想到你：
你的美，怯弱而又见棱见角，一直年轻于
同龄人。一年四季穿同样的衣服，
似乎从不怕冷不怕热也不生病。本以为
你是这世界的绝缘体，不料最脆弱。
父母死也不同意你离开北京，他返乡时也未执意
邀你同行，平日和善的亲戚们以亲近的方式
疏远你，伙伴们在笑又及时抹去笑声，
孤寂是一根生锈的铁丝缠绕自身。
你就像被突然抽去了一根肋骨，

锁在家中很久才出门，头发披散着，

身子微微右倾，眼睛看向前方的

虚空。渐渐地都传你魔怔了，神经了，

都叫你疯子。疯秀英冯秀英疯秀英，疯

正像冯一样成为你的姓，甚至悄悄盖过你的名。

再后来，父母觉得能把你嫁出去就阿弥陀佛，

他们曾以你为傲，又自高处重重摔下……

这就是你流传有序而又潦草无考的前史。

为什么一个人只有凭借疯狂才能过活？

于是也会在人生激荡时想到你，你是冷傲的。

二十出头远嫁给蔺沟村孤苦矮小的李。

所有的春风穿过你又穿过这个村庄。

你有时妩媚，有时迷醉，而妩媚

与迷醉都成为你疯魔的证据。

这里没有逻辑，又似乎完美自洽。

也会在面临选择或无可选择，在困顿无聊，

在大脑空白时想到你：莫名地被绑定于

一个人，莫名地迷狂，莫名地走失。

有人说你曾是教师，有人说你仅初中毕业，

有人说你还不如一个孩子……你是

北京乡村一个小小的奇观，因为被关注，

所以被漠视。终于有一天，你把屎拉在

我家门口，第一次没人发现，第二次

没人发现，第三或第四次被妈妈撞见，

瘦白的屁股篡改青春。妈妈没有说什么，

她觉得你是另一个自己。终于，

你把屎拉在村庄主路上和大队部门口。

每个人都十分意外，又似乎等这一天已久。

有儿童朝你做鬼脸，有少年夜里将死老鼠

丢进你家的院子，也有人抛一块砖头到屋脊，

听着它响亮地自瓦片上滚下来……李很愤慨，

他的爱与懦弱迅速蜷为一团，原本就矮小，

多病，而今平添了羞辱。我远远地

看着，惭愧，恐慌，露出可耻的笑。

某日，几个人摸入你家，发现唯一有装饰性的

是一张一九九〇年的时装挂历，那时你已陷入

迷狂二十四五年。时间在七十年代

突然加速。妈妈怀孕时你抚摸她的腹部，

妈妈担忧而又莫名欣慰。那年，

你第一次离家出走，李焦急但尚未

来得及万分焦急，你就回来了。

致命的二十四小时，未知的二十四小时。

我就是在几个月后来到人间。满月时，

你摇着我的小鸡鸡，骄傲地对妈妈说：

"这是我儿子，我儿子！"妈妈扭过头忍住泪水。

你爬上屋顶，面容像晨曦一样先是轻柔而后刺眼。

屋顶上有草，随风摆荡。你走进公路边的站亭，

捡到什么就抹到脸上。你跑向夏日

暴雨后的河边，一条蛇半立起身游来……

李娶你前就清楚你的精神状况还是后来才得知？

李似乎一度治好了你的病，你也表现得

要安心过日子，为他缝衣，做饭，

点烟时火险些烧到李粗重的眉毛，

笑，你笑得像刚从遥远的未来归来。

跟李一起到果园散步，秋风就在这时吹起，

苹果落入草丛，落入手中，或在枝头腐烂。

白天，黑夜，白天，黑夜，秋风滑落在地上，

冬日缓缓升起。你终究又回到深深迷幻之中。

随后，你每隔一两年就会走失一次，

在或远或近的地方被找到，马坊阳坊、

沙河清河、西营高丽营、八仙庄四季青，

昌平顺义朝阳海淀……你怎么去的？

怎么度过的那些夜晚？那里是旧情人

与你相会之处？是你心愿所在？

李是实在人，实在人与梦中人

之间的悲剧往往最是无解……

我吃过你做的香椿炒蛋，手艺比妈妈还好；

你喜欢鲜艳的丝巾，喜欢捉蜻蜓；

你是露天电影放映时不安的风景；

你曾和知青们谈麦子、韭菜与未知数X。

我上大学那年你失踪的时间最久，

如今，没人记得你彻底失踪的准确年月，

而据说邻村有人无比肯定地称奥运前后

还在天坛附近见过你。你的故事

贯穿我的童年、少年和青年……当你最后一次

离去，我的青春便图穷匕见：这与你无关。

懂得你美丽的人离开了这个村庄；懂得

你不幸的人离开了这座城市。你是我所见唯一
从未正式工作过的人。"文革"时你可注意到
批斗村中的文化人或城里来的大人物？
一九八三年有情侣相约服毒自杀，女子
死了，男子假装服毒而未死，你可知内情？
八九十年代起村里年轻人逃避泥土逃往城市，
你怎么想？新世纪初，许奶奶早上笑着出门，
晚上已是芦苇荡里的一具尸体，你是否看到真相？
乡村选举上演花钱跑票闹剧，你的一票落入谁手？
你像一个巫师，不作法，不说话，
只是看着炊烟弯曲了天空，和黄昏。
近年周边成了巨大的工地，仿佛整个村庄都渴望
断根再生：签字、拆房、乔迁、买车。
哥哥说得对，穷是一把钝钝的刀。
而刀有很多种。哥哥很理解你，
他说你和妈妈不属于这里而又逃不出
这里。如果你不疯就会有另一个人疯。
每个村庄似乎都有一个疯子一个哑巴一匹暴躁的
枣红马，一切似有安排，然后匆匆从头再来。
你是一个缓慢的谜，从不回应莫名的眼神，

从没与人吵架，从未报复任何一次侮辱与伤害，

你坐在村庄尽头的路边，马车变成卡车变成轿车，

太久不说话，渐渐语言没人听得真切，

唱歌动听，但没人弄得清具体歌词。

你是否后来清醒了，但就是佯装疯狂，

你要看看他的样子，看看人世的样子？

"这个世界不会好吗？""人不能成为自己吗？"

"人没有灵魂吗？"你是否还在人间？

李已死，走时安详如这骚动而笨拙的小村。

你爱过李吗？是否想念自己的母亲？

是否在夜晚回到生你养你的村庄？

是否恨过这个世界？是否想过自杀？

有人说那个军人就是普普通通士兵也有知情人透露

压根就不存在外地军人你就是痴痴地暗恋一个男子

更有人称根本不存在什么爱情你母亲就是精神分裂

你因于难解的家族遗传病以及被忽视的贫穷和无知

妈妈说你初来时很漂亮，最后失踪前依旧迷人，

你和李曾有过孩子但死在了你的身体里。

你比妈妈大一两岁或者同龄，如果活着

应该年近八旬。村里变化非常大，
你回来也未必能找对路……疯狂是你的慰藉。
我从疯狂与围观中攫取了梦。难忘
你脸上淡淡的却也无法抹去的笑意。
你不止一次到温榆河边洗衣，手指细长灵巧，
这是洗衣的手，除草的手，拾麦穗的手，
也匹配于一架并不存在的钢琴。早些年河里
还行船，不少人捕鱼，孩子们光着屁股游泳，
渴了撩起水来直接喝。而今，一些事物被改变，
一些事物又无法改变。你想必看到新潮的物件
裹挟于水中，看到河对岸别墅在建，看到
北京城夜晚的华丽，你在雪后的冰面上行走，
白茫茫的大地远远地驶入天空。你想必见过
许多我没有见过的事，你的病情也可能
有更加隐秘的因素，你一定有太多话可说。
你尤其喜欢到温榆河最窄处的独木桥上
张望，十几年前这里已是钢筋水泥大桥，
去往京城有了捷径而归途变得缓慢。
一度荒芜的河岸被开发为高尔夫球场，
打球的打球，钓鱼的钓鱼，叫卖的叫卖。

就是在这里，你曾跟踪我，近了又远，

快了又慢，手里似乎还拎着什么。

我紧张而又兴奋。起初是夜色连接了我们，

然后是月光俯下身子。那一刻，我体会到

何为"被迫成长"。也许，也许你

仅仅是碰巧走在我的身后，碰巧忆起

一段动情的过往，又碰巧走到了世界的外面。

2023 年

绝句

（悬崖）

有的人建造悬崖，

期待刻上金句华章；

有的人坠落悬崖，

看着就像正在飞翔。

2020年，2022年

在候机厅反而听不到飞机巨大的轰鸣

雪在初五酝酿，初六又酝酿，终于

从初七落入初八，从午夜落入正午。

细细的雪。父亲推开门说，这雪

白得很盛。对于这迟到的雪，大家

既期待又感觉似乎哪里不太对。三姨灌制了

香肠，妈妈蒸了几笼包子，奶奶已九十岁，

听力不好但吐字清晰，"带上，都带上，

这姐俩的手艺合在一起可不易。"哥哥

两次致电东航，以确认飞机具体的起飞

时间，三姨父路况不熟但车开得一点也不慢，

四十分钟到达首都机场第二航站楼。

威武的航站楼，仿佛宇宙中

一片由繁华和繁花构成的荒凉。在时间的

缝隙，乘客们练习焦虑或躺平于梦的

表层。在候机厅，反而听不到飞机巨大的

轰鸣。跑道上的飞机就像一个个

玩具，起，落，落，起，而

雪一旦落在真实的地上就不再起身，而

真实的雪被踩脏后一部分留在原地(往往

变硬变滑或较早融化)；还有一部分雪

将随一种无形的力开启隐秘的征程。而

更多事物悬于两种状态之间，而死，而生……

    2011年2月草于首都机场，2022年修订

乌鸦喝水

乌鸦发现石子已不易得，终究衔了一颗，
丢进生活这只瓶子。踮脚看了看，又丢进
一颗……随着水位的不断上升，它更加饥渴，
能感到水在呼吸，在以世间最小的声音呼喊。
石子不发一语——无形的瓶子越来越稳固了。

2022 年 12 月 30 日

梦到一棵苹果树

浓密的叶子试图遮住苹果，不过，

阳光还是找到了这些平凡而奇异的圆。

阳光鼓励绿变得桀骜纯净，

然后抹上红色，并添加一点酸，

又减去一点，稍作思索，

终究注入一勺永不满足的甜。

就这样，蜜蜂、细雨、冰雹

与夏天一起进入了秋天。

一只无形的手搭在苹果树的枝头，

她没有拒绝，就像接纳一阵必要的震撼。

这时你说，梦中的苹果树上结了

一只真实的苹果。一只就完满。

2022年5月

那些无法赞美的赞美着世界

"红玫瑰。百合。马蹄莲。还有郁金香。"

她们不需要同时抵达

一个个地来就好，最好都不到访

她们住在你和哀伤之间，通过

发明对方而安慰你。你与一根刺一起生长

屈尊于花蕊的美，屈尊于世界的暴虐

"核酸。月供。北京。盐。鸡毛菜想你。"

万物赤裸，一些烦琐的事物锻造着生活

锻造。将锋利移入体内。锋利。死

也是一种妥协。我点燃一支烟，重新思考

那些无，那些无法赞美的东西

那些无法赞美的东西赞美着世界

2009 年作，2022 年 5 月修订

绝句

（皮囊）

黄昏进入一辆物资运输车，进入皮囊，

在痉挛的胃部轻轻击打海上少年的梦想。

是谁说过，无人能举起这卑微的时刻，

夕阳无可挽回地落入白色巨人的手掌。

2022年5月

就像泪水援引大海，引文把我们从自我的桎梏中解救出来

——致本雅明和你

白日依山

黄河入海

命运之神的脚步有时太慢

有时，又太快

你被爱分成两半：从左边流到

右边。你和祖国是"时

空伴随者"。现实向主义索取一个

吻。而你一阵战栗

无瑕

无瑕的痛苦①

世事如斯。你不得不

和一根棉签相约在红色的季节里捕捉老虎②

2022 年 4 月

---

① "无瑕的痛苦"，出自杰克·吉尔伯特。
② "在红色的季节里捕捉老虎"，出自华莱士·史蒂文斯。

镜子是没有记忆的

镜中诞生了一朵荷花，

一次性爱，一场战争，一个戴着N95的元宇宙。

镜子是没有记忆的。两面镜子面对面坐下，

一面镜子分娩出一根棉签，

一面镜子张大嘴巴：啊——

2022年4月

雪慢慢融化的过程就是永恒

而奥维德，怀着衰竭的爱，

带来了罗马和雪

——曼德尔施塔姆

雪的体内下着雨。雪走在雨消失的地方。

雪是一种美德。一边重复一边新生。

雪倾心于向下飞翔。直至抵达大地的高度。

而忧伤的人总能看到雪花轻轻向上飘升。

他说。有雪的地方就有命运。

她说。雪慢慢融化的过程就是永恒。

雪花模仿春天。春天模仿冬。

生活是你的字典。你对遥远有一种亲近。

小小的爱情在消磨你。小小的名声。

小小的二维码和元宇宙在消磨你。

暴雨无从清洗你的爱。雪将其完成。

暴雨无从清洗你的恨。雪将其完成。

在这个世界上。你不拥有一寸土地。

最坚固最贵重的东西也终将随风。

唯有雪为完成寒冷的自己而连接天和地。

雪慢慢融化的过程。就是永恒。

雪落在雪上。就像面孔抚摸面孔。

一滴泪从盛世流出。泪水总是正确的。

收藏泪水就等于同时收藏黑夜和黎明。

他说。有雪的地方就有逾越。

她说。雪慢慢融化的过程就像是某种永恒。

2022 年

绝句

（太阳照常升起）

最小的雨滴在着地之际也会站起身，甚至
跳得很高，怒放抑或粉身碎骨，完成最小的土地
最小的梦。雪花不选择
如此，落日不选择如此

2022 年 4 月 18 日

敬亭山

天空运行

在你身上；孤云运行

在众鸟身上。一个一去不复返的魂灵

一束来自石头内部的光

一瓮清水，一片溢出了时间的绿

一株你没有歌唱过的花轻轻将你举过头顶

2022 年

梦蝶

　　十三四岁时，有一种力量令柳绦和胡图越走越近，那就是读诗写诗，也是他们在别人眼里有点不一样的地方。

　　一天，两人路过一个花坛，不经意间发现一只蝴蝶躺在角落里，风一吹，又似乎立起了身。除了博物馆里的标本，他们此前都没见过死去的真实的蝴蝶。眼前这一只似乎比常见的蝴蝶要大不少，虽不知它为什么坠落在这里，但可以清晰感到它依然是那么妖娆，优雅，仿佛正沉浸于一个长久的梦。

　　风吹着蝴蝶也吹着柳绦和胡图，他们想把它夹入书里，转而又觉得或许葬在自然里更好一些。不远处有一棵大树，在树干分杈的地方有一个枯洞，就像一个侧着脸朝向天空的微型房间。他们不约而同看向这棵树，然后，用手掌般大小的两片白玉兰叶将蝴蝶捧起，转移到树洞中，又找来一些碎叶和

落花放在蝴蝶四周，并用几根树枝看似随意地置于
这个微型房间的门口，里面可以看到外面，外面
则不易看清里面，只有这两个少年才知道这里藏
着一个秘密。

不知不觉间，天色暗了下来。柳绦忽然转过身
说，有了：

一只蝴蝶死了，

她再也不依赖于飞翔；

一只蝴蝶死了，

她再也不依赖于芳香。

胡图兴奋地走向柳绦，然后停住，说，我在刚
发现蝴蝶时也受了触动，多么希望它活着，或者说
它可能在以另一种方式活着，飞着。就想到了几句
英文，但是总感觉缺了些什么，听了你的诗，我的
句子也变得清晰了：

Butterfly, butterfly,

If you want to fly,

Fly into the top sky!

　　两首小诗如此不同，却又仿佛是同一个梦的两端。胡图和柳绦像往常一样，默默诵了一遍对方的诗，没有再多说什么。这时，在不远处，一只蜜蜂正飞入一丛带刺的花。

　　　　　2022年4月22日，2022年5月

变形金刚

"25，25号楼下来做核酸了。"

高音喇叭响起，你刚画几笔，

谁也看不出画的是什么，

你可能也没想好，沉默是你的秘密。

回来后在桌前仅坐了几分钟，

一个高大的变形金刚

就立在了苍穹之下，

地上是一只变形的口罩。

2022年4月

铁链

一根铁链

从未想到

自己会在某一时刻

占据主角的位置，就是这样

一种"空"制造了铁链，而铁链发明了真实

2022年3月8日

绝句

（自画像）

房贷，车贷，最后一代；

国事，战事，今日无事。

我是此时此刻此地的赝品。

诗歌！诗人所能背叛的只有你。

2022 年

你是在贬低我的困境吗[1]

"丢手机挺正常的,"我说,"就像我小时候周围人总是丢自行车一样,越是必需品,越容易丢吧。""你是在贬低我的困境吗?"这是"我"与母亲郭老师的对话,接下去,"我"也用一种出口必格言的腔调回答她:"当然不,对于微弱的个体而言,没有任何一个困境是可以被贬低的。"或许有重要的细节被漏掉,母亲还有更大的困境甚至绝境不过我手头只有笔记,死也找不到这本小说集也不准备再找,我有我的烦恼和困境。时代有时代的困境。困境从不会给困境加分也不会自动解除。而人善于

---

① 参见弋舟小说《瀑布守门人》。

一边夸大困境一边驯服于困境赞美困境

无视那些无法批评的东西正批评着世界

2022年

绝句

（洁白炸裂）

雪落向鞭炮

鞭炮落向雪

所有的雪花和所有的鞭炮

愤怒的洁白和愤怒的炸裂

2021 年

九叠瀑

九比九要多一些。白衣女子
在瀑布下转身，轻拨长发。
身边的老人服从于体内的少年，
他举起相机的刹那，我按下快门，
一只明亮的鸟自水幕中掠过。
这穿越，敏捷而迟缓，
时间在那一刻变得潮湿，弯曲。

九比九要少一些。就像无法
在一首诗中放入一座真实的山，
也无法为一道瀑布规划一个韵脚，
美总是诞生于一些遗憾，
美总是有几分可疑，
总是独一无二，总是重复，
总是在永恒中，流逝……

2019 年 7 月，2020 年

绝句

（梦中的指挥家）

出租车上下来个姑娘，走了几步停在马勒别墅旁。

她看看手机，补了个妆，忽然手一扬，

来了个很像卡拉扬的标志性动作，旋即收束，转身。

梦中的指挥棒……梦中的世界空空荡荡……

2020 年

秋风真好，我又一次辜负这好

——给 S

秋风真好，就像一场无形的叛乱，

一个魅惑而又不必皈依的宗教。

秋风真好，不禁想起一位风一样的

复旦友人。不知为何中断了往来，

却兀自爱着他的轻狂，他的决绝与恨。

无缘对饮，索性模仿一下他的修辞：

秋风真好，我又一次辜负这好。

放弃收获，也放弃播种。

秋风真好，我又一次辜负这好。

共同的朋友移民到美元或枫叶，

奔跑在毛茸茸的声名里，抑或已回到尘土。

传闻他已财务自由，不再写诗，不再愤怒，

不再用一个句子去切割雨中的钢索。

秋风真好，我又一次辜负这好。

2019 年

诗歌的艺术

"人生不如波德莱尔的一行诗"[①]，很多年前，
你喜欢这样的言说，而今依然感慨，却更为
感动于"我是诗人，不过还没有学会写诗"。
这是喧闹宴会上中年女子不经意的一语，这
已是诗。感谢它还来不及完满，也来不及油滑。

你说，这句话里动人而易被忽略的是"学"字，
它普通，也不是那么轻松，然而它像"光"一样
重要，至少甲骨文里就出现了，《论语》开篇
第一句更是醒目："学而时习之，不亦说乎？"
繁体字"學"中极其关键的是"爻"的存在，
提示了交错、变易、筹算，以及知识与生命的无涯。
"鹰乃学习"，人也如此。习是复习，温习，

---

① 出自芥川龙之介。

而你更愿接受"实践说"，习见到学，

相当于杜甫见到李白。最好的相遇就是知和行、

自我和世界的相互校正和激荡，及时，及物。

于是，才会发自内心地愉悦高兴：

说同悦，说即悦，这是汉语之美，

是言与心的合一，行动与修辞的合一。

同样，这个喜悦和接下去"不亦乐乎"的

"乐"看似同义，实则有微妙差异，

"悦"重在内心，而"乐"是外在示人的快乐。[①]

自这种区分之中，诗和世界一同诞生。

你认为诗是一个生命，悦己，悦人——

由于完成了自身，自然地化作时间的礼物。

在诗歌中无法欢愉喜爱的，在现实中也难；

在诗歌中说不出的，在现实中也难；

在诗歌中无法反抗的，在现实中也无法反抗。

每首诗都是关于诗的诗，而又以"非诗"为花。

----

① "学而时习之，不亦说乎"的释义，参考了朱熹和杨
伯峻等的观点，又有所变转。"鹰乃学习"的释义，
参考了王夫之等的观点。

印度有个说法:"如果《摩诃婆罗多》里

找不到它，那么它就不存在于这个世界上。"

而诗歌之为诗歌，就在于无中生有，

适当时还能存在于虚无，在一张白纸上获得深度，

获得所有的背叛，所有的虚构与真实。

仿佛一只苹果滑出了天堂并以向下的方式返回，

见证高塔被摧毁，有形无形的梯子一次次被撤除。

人文地理学者指出，"佛教、犹太教、基督教、

伊斯兰教——都将善待陌生人定为道德戒律。"①

善待像善本身一样不易，但你相信诗歌也遵循

这样的陌生人法则，那也就是诗艺的万有引力法则。

一些陌生的东西将诗歌充盈，

一些看不见的关系将诗歌佑护，

就像传说中有个不存在的庙宇为现实立法。

与高山分享光，一根枝条便可做到，

---

① 出自美籍华裔人文地理学者段义孚。

而诗歌更为魅惑，它日益运行于不确定之中。

世人都想同时从朝霞和夕照撷取一点颜色，

最终往往重复雪人的命运，始于白上再加一点白，

终于杂质越多融化得越快。于是你说，

诗歌是一种减法，不幸或幸运的是，

当下又是一个"十日并出"的时代，

喧哗而骚动。几千年来科技与生活变化巨大，

而诗性和人性一样，看似呈现亿万种面貌，

内里不过改变了几毫米。射下九个多余的太阳，

天空和大地才更成其为自身，尽管你知道

人们内心深处的"十日并出"或许更魅惑，

又或许注定不断有新的"十日并出"，新的魅惑与
　　绝境，

而这都可视为大地在造自己的反，在向一个词弯曲。

在某些时刻，天空是源头，也是一面墙。

人类就像渴望飞翔一样困在其中，这宿命

就像老虎无法解释自身的花纹，就像

一个人无法洞察体内的老虎，就像

体内的老虎无法明了自身的黑暗，就像

自身的黑暗无法理解一滴血的纯粹，就像

一滴血的纯粹，无法拒绝内在于自身的混沌与辽阔。

学习把人和事事物物区分开来，把人和人

分开，也把人和自己分开。学习是模仿、

探究和创造，还包括幸福感和渺小感。

没什么是万能，学习也由匮乏和失败甚或恶构成，

有赖于忍耐、搏击以及偶然。自另一端来看，

有了失乐园还不够，还要有荒原，有无尽此刻。

先知与伪士，孤勇者与自利者，是彼此的镜子，

每个人都走在时代颤动的绳索之上。

我们和世界之间是一卡车的词语，

都是正确的，和谐的，鲜艳的，都奄奄一息。

谁都无法虚拟一个人，代替自己穿越这一时刻；

也不能自己不爱而让别人代替去爱；

更不能自己不敢批判专制而等待别人去批判。

生活是一只鞋子，很多人已走到了它的外面，

有人制造垃圾，有人创造垃圾。

当代的诗歌就如同当下的生活，

已经疲惫得"虚不受补",

诗人不得不同时从过去和未来汲取血与勇气:

时代是时代的障碍,诗歌是诗歌的障碍,

也正因此,诗歌要同时成为诗歌的敌手和未来。

想到这里,你抬头看向远方,大海赤裸,

座头鲸在大数据里歌唱,壮丽的水柱

克服又接受了重力。唯一的太阳见证着,

它不说话,每天在浩渺虚空中打捞明天。

很快,真实的月光便将温柔地

承纳这一切。月光又是锋锐的,

人类将在黑暗中看见诗歌之所见。也正是这时,

传来费尔南多·佩索阿的声音"宇宙重建了自身",

而威廉·卡洛斯·威廉斯也说"世界将重组自己",

阿什贝利说得更幻变而魅惑:"然而中心不断坍塌,

重新成形"……趋同与差异一并锻造着诗。

世界,宇宙,时间空间,有限无限:

人类一点点重启现实,尽管,

心底明白一切重启以新的败毁为代价。

败毁也有赝品！需要真正的败毁一如虚假的坚固。

你越来越喜欢博尔赫斯的梦：未来需要第五部福

　　音书。

你说，诗歌是一次次"微创世"，是世界

融化在世界中。此刻，重要的不是马太、马可、路加

和约翰，不是杜甫、莎士比亚、托尔斯泰和卡夫卡，

而是新的自己，所有的传统与现实将一并构成命运。

人不得不成为自己与0与1共同的福音，

乃至微神。正如那迷醉的诗行，"凝神静听

自己的歌声，将里拉琴提升到沉默的高度"[1]。

"学其所不能学"，同样，爱其所不能爱，[2]

终究，射下太阳的人，还必须升起自己的太阳。

太阳每天走在同一条曲线上，不走捷径不出声音，

太阳重复着，沉默着，燃烧着进入新我——

诗歌赤裸于黑暗，赤裸于当下，赤裸于所谓的永恒。

2023年

---

① 出自赫贝特的诗。

② 参见《庄子·杂篇·庚桑楚》。

| 第二辑 | 漫长的序章

（2018—1993）

玄机

上海图书馆读玄机，遭遇死亡与
谜。一片银杏叶自尘封的史书中落
下。她是庞然帝国的一个折页

叶子以其迷离的黄色汲取了纸张的
呼吸。纸张则精确拓制了叶子的
祈祷：浅浅的，世间最小的一柄扇子

一柄不关心风的扇子。我将夹页读了一遍
又一遍。并未发现有何特别之处
就这样。一个女道士，两个迟到千年的读者

三颗素昧平生的灵魂在真实
之中坠落。在坠落之中相遇
所有偶然。所有偶然锻造着战栗和开端

2018年作，后有所修订

绝句

（黄金很俗气）

柳绦说，金钱的算法简明如宇宙；

胡图说，黄金很俗气，即便戴在你身上。

创造性的友谊，就像虚构的猎豹扑入

一片金黄，真实的猎豹变得魅惑而温良。

2018年8月

春过永嘉路

出瑞金医院门诊部，北行再西转，
永嘉路上，一个睫毛长长的
姑娘，正在认真地吃葱油饼。

旁边的青年男子注视着她，
目光清空，仿佛世界初成。

她不说话，他想说什么又兀自止住。
她吃东西的样子像一个仙女在回忆。
春日微寒，万物透明。

救护车的警笛由远而近，她自轮椅上
坐直，阳光从她的半条腿上静静流下来。

2018年3月

沧浪之水

河水清，洗一只油瓶。想到芝麻奔放的花献身于微
　　小的果实
河水清，洗镰。血鲜红，血寂寞，有性的气息
河水清，洗吃瓜群众的美德。月在枝头饮酒

河水清，洗船头与船尾。鸥鸟催促着帆与风暴
河水清，洗丈夫的单衣。他停顿在汉代的狱中
河水清，洗足。前世和来生

河水清，洗短视频里的手镯。银子夺目银子发黑
河水清，洗一个年度汉字。一些故事掩盖另一些故事
河水清，左手握住右手。左手斩断右手

河水清，河水浊

2017年4月8日

绝句

（静安寺刹那）

在去静安寺乘地铁的路上看见一生：一辆
保时捷放下一束香带走两束花，一位大姐
怀抱婴儿边打电话边向北京西路方向走去
年迈的盲歌手说声谢谢，唱罢黄昏唱黑夜

2017年2月

三人行①

第一个人，相信灵魂将穿过无数身体，

然后她远去，留下梨花与黄昏。

我默默铭记于心底——

身体也注定穿过无数灵魂。

再次相见时，我们彼此拥有了秘密。

第二个人，像一只蚂蚁，

缓缓将太阳搬进巨石，他说：

茅屋是诗，秋风是诗，

在天才枯枝般的骨头中，

茅屋为秋风所破才是真正的诗。

---

① 这三个人分别是一个朋友，一位作家，一名学者。三
人互不认识，此诗因他们的言行而感发，最后似乎又
偏离了他们。

第三个人，喜欢水在水里。

他说，黑暗是耀眼的，

词是另一道光，你要把每个词

都当成不断独立的小小的国。

要信任虚无中成熟的一切和神秘的死。

2017年1月

绝句

（火焰）

火焰在一阵风中熄灭

又在一阵风中燃起。大火的内部是

无数次死亡和无数次分裂

黑暗！黑暗在大火的中心维护着一切

2015年6月，2016年

乘一根刺穿越大海

大海是一只灯笼

用火焰清洗自己

你在散步，像一束慢动作的光

一艘巨轮在你的背上

滑过，那是天空的一粒棋子

一架飞机坠落于

眼前，你绕着它走了一圈

一根无比匀称的刺在你体内

生长，弯曲，折叠

你乘着这根刺穿越大海

从出生到死亡，一根刺在你体内

从死亡到出生，一种锋利在你体内

那也是一种完美

你疼或不疼，痛或不痛

你让刺成为自己

你把大海还给大海

你用自身的血与阳光交换

你跃出水面

以内在的锋利领受万有的引力

2016年5月

寂静正穿越一支烛火

穿越点燃她的手

那也是覆灭她的手

穿越她的笔直，和摇曳

她的圆满和血

穿越她内部的苍白，与黑暗

她从不曾抵达的苍白与黑暗

穿越喧嚣，穿越豪华的夜

并隐身于这一切

2016 年 4 月

宇宙遁

宇宙遁入一只梨

风在它的内部吹动大海与甜

于是，诞生了远方与流逝

诞生了优雅的渴念

在看不见的树下

在一万年前

有人接过一朵花

有人失去双眼

2016年

阳光来到我身上

我们注定无法相互抵达
总是阳光来到我身上

从屋宇，从河流，从泥土
从字典中的黑暗，来到我身上

阳光叩动帝王的铠甲
穿过透明的鼠标，来到我身上

去年被苹果压弯的枝头
此刻是一缕红绸

阳光绕过一百万颗未知的星球
来到我身上

抖落时间，拨开衣襟
进入我的肌肤、骨骼和思想

阳光喜欢卑微的部分，喜欢深渊
喜欢将伤口唤醒，将镜子擦亮

然后，将自己不具备的东西
留在我的血液里

2015年11月

绝句

（论一只蚊子的溺亡）

远行。归来。开门。开灯

一只长脚蚊悬于玻璃杯中，死后的风

突然吹过圆形水面，它微微一颤

有一种豪华，有一种轻盈

2015年春

三十九个卡夫卡和一个出租司机

四十岁，一次次自白天黑夜中起身

四十岁，如若一切重来

有些遗憾，依旧无从避免

有些怯懦，注定暴露无遗

有些罪过，仍会犯下

上天不曾惩罚的，我不知如何了断

四十是一个房间号

我在隔壁发现自己的童年和几根白发

四十是一阵风

吹绿叶子，吹红果实，又吹落它们

枝头是一只乌鸦，是来世

四十是三十九个卡夫卡加一个出租司机

是一根借来的领带，一个暧昧的麻烦

是一项以余生为担保的贷款

是母亲的一次失眠，父亲的一生失败

是一条河，直立起身躯向天上流淌

四十是一团火，在梦中燃起，在梦中熄灭

是完美的《新闻联播》，是永不开启的革命

四十，我越来越想到大海里去洗洗手

四十，是镜子中的一声咳嗽

就像沉默是诸神的语言

2014年

美只是事物的一半

星星雕刻着天空

然后把光辉作为多余的部分

抛下来

光辉，只是事物的一半

东方既白，一个女孩打开《百年孤独》

是喜欢，是在等候一份爱情

还是出于纯然的孤独

孤独，只是事物的一半

此刻，飘起了雪

城市变静

如若雷电交加，人间是另一种静

静，只是事物的一半

一记无声的巨响，一次遥远的失事

引发无尽猜测与哀伤

灾难在高处，在海底，在血液里

死，不是终点，死只是事物的一半

推动另一半。悲情所唤起的爱

不安所唤起的爱，无始无终

爱，只是事物的一半

另一半在消减，也在疯狂扩张

不幸总会成功，苦难总会成功

成功，只是事物的一半

另一半依旧是成功

失败，自成一个世界

于是

有了怀疑

有了反叛，有了自由

有了黄昏的叹息和劳作后的幽寂

有了忏悔

也有了真理和美

真理，只是事物的一半

美，只是事物的一半

另一半将黑夜提到天的高度

2007年，2014年

绝句

（你的正式工作是皇帝）

你的正式工作是皇帝。你写诗，

作画，打败仗，在屈辱的牢中遇见自己。

被动地成为历史，被动地成为一门学问。

一千年过去，遗忘依旧是我们的镇静剂。

2014年

我从未成为那家早餐店的第一名顾客

我从未成为那家早餐店的第一名顾客

无论去得多么早

今天，无端失眠

披衣踏入一门之隔的凌晨四点

城市像真的睡着一样

大街像真的睡着一样

早餐店的灯光晃动夜色

板凳围住桌子

电扇左顾右盼

蒸笼呼吸紧促

豆浆邀请葱油饼

一支火焰原地奔跑

一口大锅在为面团和粲饭做思想动员

我看见另一个我

坐在时间的拐角，低着头

认认真真饮下一杯透明的苦酒

                    2014年夏作，后有所微调

那时

那时，妈妈说什么我都信

爸爸说急就急，像一根冬日的扁担

我还不理解"爱是我们贫贱的一种标志"①

那时我的骨头比肉长得快

有着脆弱的心，野蛮的手

有着干干净净的绝望

就像一锭被逼上梁山的银子

那时真美

我心安理得地荒废那美

在梦里观看一个男孩哭出声来

———————

① 语出西蒙娜·薇依。

那时我还不知道将遇见什么

不知道一堵墙如何成为它自己，只是

翻动破旧的书卷

看到今天的惨案

2012年

罪

月光洒下来

便从不曾收回去

你的到来是为了指认我的罪

祝福你

2010 年

绝句

（慢性毒药）

每个人都在寻找自己的慢性毒药，

直至死神摘下枝头最后一朵花。

其实，那毒药早已存在于体内，

谁都无法偷偷删除它，就像无法美化它。

2010 年 10 月 15 日

清单

有人到监狱里维修空调，有人

在重症监护室遇见初恋，有人

报名扮演圣诞老人，有人

自杀未遂（她救过你），有人

睡梦中歌唱祖国，有人

疯人院里练习微笑，有人

在试卷上打一个红钩，有人

于午夜抹去一个名字，有人

扇自己一记耳光（他想惊醒谁）

有人点燃一支红双喜

有人自首前回了一趟老家

有人在无名墓前放一束白色马蹄莲

有人洗去领口的污渍

有人试图擦去电视新闻中的鲜血

有人预言了一个时代的终结,然后

听凭自己的欲望与厌倦握手言和

2010年

绝句

（慢）

心急如焚，你反而走得很慢

慢得就像从今天回到了昨天

回到了前生

见证燃烧的泪水和作为灰烬的梦

2009 年 12 月

己丑随想

"第一阵风不可命名为风！"

世界不会更好，也不会更坏

神开始收回所赋予的一切

那未曾赋予的也在收回

请珍视自己的耻辱与丑陋

珍视黄昏时分的电闪雷鸣

2009年8月

雪花总是向下总是在一切之上

——给L

> 乌鸦似雪，孤雁成群
>
> ——《五灯会元》

雪花，向下飞的鸟，天空的遗产。

雪花，总是在一切之上，总是

向下，着地之际生出巨大的

静寂，与经久不息的《新闻联播》、三明治

以及，八卦，若即若离。

雪花走了一生，才成为今夜的客人，

上海的客人。我们的情感也仿佛雪花

落入夜晚。一把旧椅子停在屈臣氏、饺子馆

和烂尾楼之间。椅子是木质的动词，旧

是一场空，并借此集纳雪和雪花。

水不在意自己的形，

冰不在意自己的寒，

而旧椅子上的雪以路中央的雪为命运：

"诞生于冬天的事物，

还要回到冬天去。"

在这座停不下来的城市，雪花

低到不能再低，将夜晚融化在你我之间。

2008 年 2 月

绝句

（海阔天空）

天空辽阔，遮不住一只雨燕。

你在海边想念北京，或仅仅出于疲倦。
失败是你的百科全书，你向黄昏学习
祈祷，攥紧一个词然后悄悄松手进入夜晚。

2008年7月1日，上海奉贤头桥

天净沙

那个将动物凶猛化入阳光灿烂的男人
此刻，慵懒地陷于性感的红沙发
墨镜夸张，他隐在夸张之后
面前是一束娱乐至死的鲜花，"八卦
是无辜的"。女主持终于问起何为好电影
他来了精神，眨眨眼道，就像《天净沙》
锋锐，跌宕，邃远
起首是枯藤老树昏鸦
接着是长镜头，又近乎蒙太奇：
小桥……流水……人家
既有西风，自是少不了古道
就是这样，瘦马非马，夕阳西下

待到最后，操！
断肠人在天涯

2003年，2007年

107

美女妖且闲

——给 ann

1

上嘴唇。下午茶

"美女妖且闲"

你负气离开那么久，还是

宽恕了这座城市的俗气

2

向疯狂的十字大街借一个韵脚

向韵脚学习失败与

疯狂

3

三月又一次紧随二月而来

我变到最小

4

为你复制一只鹰

聚拢人民广场上空骄傲而无根

的风

5

我不知道自己的懦弱能陪你走多远

6

纸寿千年

一滴墨，落在餐巾纸上

不紧，不慢

"长啸气若兰"

未曾说出的那句话

否定了一切

7

我们不曾出生就好了。我们

不曾相识就好了。我们

不关心国家大事。我们

不关心个人得失。我们

见证了雪花开放成杏花

8

钥匙

挑选着钥匙

寂静将洞穿一个个皮囊

9

我睡了
有事，梦里告我一声即可

10

"中夜
起长叹"①

11

一条鱼反对一条长了翅膀的鱼
一朵玫瑰，反对红色
反对

---

① "美女妖且闲""长啸气若兰""中夜起长叹"，均出自
曹植的诗。

刺

12

"我的前世是一个美女

爱上她的人都没有好下场。"

"如果有来生，遇见另一个你

我不会放过你，也不会宽恕自己。"

13

天，是空的

一个词语暴露在世界之中

2007 年作于上海芷江西路，后有所修订

绝句

（苹果）

一只苹果

梦见了我

月圆之夜

它在我失血的手臂上慢慢变红然后坠落

2006 年

绝句

（苹果）

童年是块石头，我坐在粗糙的一面。

苹果落在地上，我捡起来，

在胸前擦了擦，跟哥哥分着吃。甜！

"雷来了，他在远方徘徊……"

2006年4月18日

春风斩

一根烟的工夫，便已来到命运的中点
城市是一条蛇，游入林莽
徒剩有一张皮。夕阳无限
惊动一只母羊，将小羊羔生在半路上

咩的一声夜幕四合，你出现在河对岸
"爱情，或刻舟求剑或用一生去遗忘"
有两个你，一个是泪水，一个是笑靥
一个在床上，一个在另一张床上

隔着语言交谈。梨花带雨有无间
随风潜入夜。润物细无声的疯狂
得到了频繁的应验
此刻，有人扮演新郎就有人扮演新娘

发明一场爱情，发明一块石头
用石头摩擦爱情，黄鹂两个，白鹭一行
"曾记否？风吹动着风，在河之洲"
一次次人面桃花，一次次别来无恙

当我老了，我会忆起我们的喜酒
那一夜谁一醉方休，谁一声不响
我祝愿他们偶尔梦到对方的温柔
我只愿凭窗冥想，直至天光大亮

风再起。一棵树长在耳朵里，绿肥红瘦
"若不能随我去流浪，就请成为我的远方"
委身于失败，委身于错误，就像一块石头
只有委身于蛮荒的山岗才会生长

轻轻的。用爱情切一只梨。独上高楼
你的疯狂终将变得柔软：日子就是这样
游戏结束，请睁眼，我的朋友
"此刻谁笑，我平庸的目光便落在谁身上"

2006年4月

116

蝴蝶

你的笑，惊动了一只蝴蝶

她也可能是被风吹动

随着花蕊摇曳

她本应立于红色顶端

直至倦了，轻轻一跃

她活着时，无法数清有几种颜色

死后，只见她

羽翼下的胸围明灭

埋入一本有始无终的书

她终于不再依赖飞舞、芳香与田野

2001年上海天通庵，2005年上海高境

117

绝句

（暴雨将至未至）

无人能让雷声同步于闪电

真实的雨滴告别真实的云与天

黄昏的大地向低处退去

有些罪孽得到短暂的赦免

2005 年

《白色的乌鸦》（选章）

上篇：白色

（海子）
轻微一颤
火车从远方来到远方去

（骆一禾）
右手慢慢抬起
嘴角颤动

人们远远地看见这个姿势
而你通过指尖举起了风声

（戈麦）

二十四片

叶子，每一片

都互不相同，二十四片

叶子，同时坠落则是一棵树

看得见抱着树干的双手，看不见树后的少年

（马骅）

刀锋侧身于江水

痛感是一支曲子

哼着，哼着，静寂

（北岛）

在没有英雄的年代

我只想到失败里做一个汉语诗人

下篇：乌鸦

白色一直就在那里，等待着乌鸦

白色

白色能构成一只乌鸦吗

乌鸦要飞多远才会变成白色

七月无诗

八月无歌

一只白色的乌鸦在死后

前肢再次化作双翅，静静飞着

白色在腐烂的乌鸦体内寻找着高度和风

1998年—2004年，后来北岛部分有微调

二泉映月

最近两次听到《二泉映月》

一次在地铁口

另一次也在地铁口

我也不愿是这二手的开头

在泉水边在无锡在花前

在摇曳的夜晚

多好。但不是

他拉得比阿炳要急些

他闭着眼

下肢瘫痪，上肢熟练

第一次我路过时驻足投币

他兀自拉着二胡

第二次当我和女友

在口罩的掩护下匆匆走过

他却停下来咳嗽了

一声

2003 年春

剑和鞘

你的剑

你的剑和鞘都很锋利

你挥霍它们

看不见的敌人也在挥霍你

群星争辉

夜幕漏洞百出

一只鸡蛋的内部，真实在叛乱

2002 年

向一碗小馄饨弯曲

没有月亮

夜便成了斜坡

星星们用力向上爬

天空，辽阔

光速，慢了

上海街头

短促的出租车

向一碗小馄饨弯曲

闪着，亮着

尾灯，炉火

2001年11月1日

绝句

（一只苍蝇）

一只苍蝇蹲在门槛上

像是在等待，在休息，在冥想，在准备飞翔

其实它只是沿用了一个祖传的姿势

短促，安详，雌雄莫辨，看上去远离了肮脏

2001年春

绝句

（应允）

总有一场雪会落在笔端

这不速之客将洁白和寒冷一并交还给春天

上天应允了他

那个生我的女人应允了他

2001 年春，上海天通庵

想象到石头为止

日凿一窍，七日而混沌死

——庄子

将一块石头想象成唯美的空中楼阁
六指的女娲在那里紧锁眉头，她短促的额头
如同失修的窗子泄漏了阳光
雪和雪花就这样落下，我们第一次拥有
"哀愁"这可怖而无辜的字眼。哀愁

将一块石头想象成哀愁的石榴
因为它也曾是疯狂的石榴
在它的疯狂中爱琴海静静起航
一块石头浮于水面，显示少女的温柔
疲惫而深刻的水手在死后久久回眸

将一块石头想象成布谷鸟的丰收

声声鸣叫掩埋了谷皮。石桌石臼石椅石牛

一声不响，他们敬畏同一颗夕阳

月光和木叶飘飘，他们一生何求

那张家长李家短，那九月的美酒

醉。将一块石头想象成年轻的黄狗

因为它忠实，让门通过骨头获得自由

将一块石头想象成菊花的馨香

因为它美，因为东篱下有枯井一口

因为它丑，让幸福抵达高潮并继续颤抖

将一块石头想象成乌鸦喝水，冷风飕飕

它也曾被雕成菩萨微笑的玉手

若菩萨手能放下，这也就是石头的梦想

守护自己的影子自己的苍白与消瘦

温度和韧性随风，野草的命运。石头

干将曾在你背上磨剑，他目睹两块石头

一个误入秩序的基础，一个露宿街头

一个披上了婚纱，一个日夜流淌

就这样将一块石头想象成两块石头

一男一女，一如宝玉一似在路上的丝绸

将一块石头想象成毫无新意的战斗

有人奉命死去，有人歌舞不休

这并不妨碍他们被同一天埋葬

没有鸿沟，他们之间是跨世纪的纽约和一块石头

霓虹闪烁，这是块倾心于黑暗的石头

将这块石头想象成子虚乌有、复仇，或行尸走肉

因为这看似容易。一灯如豆，将这块石头

想象成蚂蚁巨大的故乡

因为这其实很难。长袖善舞，将这块石头

想象成一只蝴蝶或庄周

因为它可以发思古之幽情。手握这该死的石头

还可以把它想象成永恒，因为它模仿了不朽

还有许多不朽被埋入光秃秃的语言的山岗

将一块石头想象成无数石头所有石头，然后

再想象成一块石头，最终就想象成石头。虚构与

石头

2000年11月29日

画家陶小姐的狗

奴奴将，你是死后才拥有这个名字的

——题记

奴奴将　奴奴将

这名字颇有来历
尽管我已记不清晰
我仅固执地认为
一呼唤你便会摇头摆尾
虚心地来到我身边
尽管你已死去多年

你的眼神变成了暗器
你的顽皮化作了秘密

你再也不会抱着"青岛"狂吠

再也不会看着美人流泪

或偷吃女主人的安眠药

然后在她的被窝里悄悄

留下水分和温柔

醒来后向荧屏里的丝绸吐出舌头

或面对唯美的肯德基绝食

哈哈镜里一词根鸡肋嘲笑着你

你甚至不知陶小姐多么想你

丢下画笔，她想再次让你

将沾满颜料的高跟鞋从二楼

叼到三楼，将乳罩咬上一口

托福的她将脱下羊毛衫

看着你把它化作"命运之线"

轻轻缠住桌子腿椅子腿火腿

以及陶小姐月华如练的小腿

即使在梦里，你也不再

穿起西服，系上红领巾

迈着模特步迎面走来

每步都害人不浅，却值得信任

你的尾巴宛如螺旋桨

让失业的客人看到希望

此刻，你笑了笑

竖起颈部褐色的绒毛

你多像一只雄狮

闯进厕所，一本正经审视

拿着书端坐的小姑娘

书的背面，你一声不响

这是自由的假象，转眼间

你已溜到街上，人海人山

你所讨厌的小馄饨是

夜上海最温馨的一笔

你所路过的网吧对面

据说沛县狗肉店破土兴建

你张开嘴又很快闭上

冷。你不知风吹向何方

你似乎想回去了

但你还是向前走了几步

一辆红色的出租车

疲惫地精确到你的臀部

这超出了你的想象

你胸前的铃声叮当

一溜烟逃回陶小姐的住地

你自以为冒险周游了全球

其实你离开窝不足百米

平生第一次单独抵达一楼

这，多有诗意，如同

"清水"里淡出塑料"芙蓉"

快捷键所引导的"民族的触角"

委身于沉重的半个壳

另一半是诗破折号"他妈的"

是的，他妈的

或一言以蔽之——"×"

×，最近比较烦，×

常回家看看，×

你总是心太软，×

那清风那韵脚那袜子里的奖金

×，上网找工作找情人

×，活着活着

奴奴将　奴奴将

你干吗那么随便就死了

你为什么选择在春天离去

在陶小姐最得意的油画里

你的心脏已将跳动拒绝

纯真的双眸透过灰尘凝视

这对你来说已死多年的世界

2000 年夏秋之交，上海

母亲流泪了

这抹去我第一滴泪水的女子，流着泪用美丽走向父
　　亲，用青春换取我的成长，用不惑之年看着我
　　远离家乡；理着越理越少的白发夜读游子的长
　　信，行行重行行，一遍又一遍，泪水打在一个
　　乳房上，另一乳房越发显得苍白、紧张。

此泪在最古老最悲壮的史诗中流过，母亲摇摇头；
　　此泪在蝴蝶的变幻中流过，母亲审视着四周的
　　景色；此泪在大唐流过，母亲想到那个女子，
　　恨起那场战火；此泪在六月的飞雪中流过，母
　　亲诅咒奇迹的迟误；此泪在《红楼梦》中趋于
　　美与真，母亲说"太寂寞啦"；此泪在破天荒
　　的呐喊声中流过，母亲无地彷徨，但见流水送
　　落花；此泪在三月的悲剧中抵达高潮："母亲
　　如门""母亲你去休息吧"……

母亲，何等美的称谓，无所不在的称谓，如今你是

个老太婆，盼着到冬天里去过年，四世同堂，
　　你徒有疲惫，拐杖的智慧敲打着院外屋内；你
　　又是一群妻子，虚掩房门，守候着烂醉如泥
　　的他和呵斥；你又是一个个女孩子，轻轻轻轻
　　走向十月和纷争；你又是健康的男人——丧失
　　了健康，听凭"爸爸"的呼喊声无辜地消散风
　　中；风止的地方是梦，你沉重的背影在那里呼
　　喊，声音全无，痛不欲生。因此，你也就是一
　　滴泪，失去了珍贵的注视，漫无目的地下坠。
泪光闪动，你多么像一块荒废的山坡，我的镰刀丢
　　在其中；多么像睡醒的狮子，深刻的猎人死在
　　身边，死不瞑目，箭和食物无风自动；多么像
　　一株古木，一截跪立于草棚，一截助长着火
　　灾，还有一截倒向空虚的洪钟；多么像一座城
　　市，新颖的灵魂在里面隐姓埋名地劳作，下落
　　不明；你刚刚决定去寻找它，便化作脚下的
　　路，两只诚实的鞋子分道扬镳，各奔西东。
你根本不再成其为母亲，语言混乱，行动迷狂，几
　　种复杂的力量在内心死去，活来，互相报复，
　　没有胜利者，也没有下一步，你甚至无法逃脱

一根稻草的命运，也无法擦去自幼失明的右眼
上的泪珠，左眼随之陷入盲目。你是一个秘
密，一个隐喻，但决不是一个符号，你是巨大
而痛苦的记忆，如同永也写不出"自身"的
笔，你写在空中的那个字，将笼罩全家人的一
生。你举起右手的姿势总会隔着故乡将我打
湿，你的手指微微弯曲，另一位陌生的母亲便
也流下泪水；手指微微弯曲，宇宙在衰老，在
死去，你不明不白地活着，反复举起右手，手
指微微弯曲……

1999年8月3日，当初试写了几篇"赋"，这是
其一，收录时有删节。

绝句

（舒曼）

"砸、碎、钢、琴！"

无人能将这魅惑的声音收拢。

"砸碎钢琴！"狂放不羁的

灵魂和风在金色的羽毛中入静。

1998 年 12 月 11 日，上海彭浦新村

夜歌①

——给科特·柯本，给你

今夜，我将用疯狂铺好你的床

今夜，一把吉他睡在远方

今夜，一把吉他睡得像一支枪

夜深了，无辜的旋律

夜深了，无尽的流淌

你曾抱着常青树痛哭

你也曾打开一本书，

又撞开一扇门，说：

"万紫千红是开放的虚无。"

---

① 这首"歌"写于1997年10月3日，后根据朋友的建议
修订了几次，依旧难逃当初的愁绪，也无法匹配于那
决绝的歌者。

夜深了，风吹过最初的常青树

今夜，我已用寂静铺好你的床

今夜，你站在灿烂绝望的船上

今夜，你走在未来世纪的路上

夜深了，断掉电源

夜深了，一面是寂寥，一面是飞扬

梦

——留别这个世纪

黄昏。我和刘走着，我们规规矩矩，有一种现时代的美。我们将做出选择的十字大街就在眼前。

突然，从一棵大树后跳出个人，二话不说，就打刘。我想以和平方式解决这一麻烦。我失败了。受惊的鸟化成枯叶落满一地。刘已全身是血。我再次示意陌生人住手，而这无济于事。我顺手抄起一根棍子，一下打去。我万没想到：他死了。刘善良地盯着我。警笛从各个方向传来，必须赶快离开了。

尽管事发地点无从知晓，我们还是一口气跑回了故乡。亲人们相见不相识，也不问我们从哪里来。原来语言根本不通了，一切恍如隔世。一切很静。我们苦笑着，最后看了一眼这个和自己一同长大的地方，便躲到了家乡河中央的小岛上。

不知过了多久，一声渔歌，一位面善的老人撑

143

船而下。我和刘好久未见到人了。把他请上岛，问长问短，送这送那。他也谈笑风生，三个人宛如一家。其实，他并未说什么，至少说得不多。我们高高兴兴把他送下岛，目送他远去，如此数日。世界在我和刘心目中变美好了。美好的世界！

我和刘都怀念着老人，彼此间反而有些生疏了。

老渔人来得渐渐少了，渔歌最终断了。而鱼自己跳上岸，死了，黎明一样的白肚皮。我们一人挖坑，一人填土。这无缘无故的死让我和刘和好了。

正这时，四周站满了士兵。红的，蓝的，黄的，黑的，荷枪实弹，一步步围上来，面部没有丝毫表情。静。我顿感像被抽空了一样。首先想到的是刘。我得保护他，绝不能失去这最后一位朋友。我一下子忘了恐惧，疯狂地向士兵们冲去。就在相接的一刹那，大水卷走了他们和刘。水流着，就像什么也没发生。我来不及哭上一声，又开始了无边的逃亡。

这中间的一些事，已记不清了……

夜也更深了。我睡在一位美丽姑娘身边，我和她没有距离（这使我伤心地想到刘）。她的右边是她的母亲，我的左边是她的父亲。这是一张古老的床，绿色的床。我醒来。一切很静。静得令人不安。我绕着这个小屋走了一圈又一圈。这是座美丽的山村，山外还是山。而村落仅此一座，住户仅此一家。我感到有一种幽黑的鸟注视着一切，我迷醉了。

轻轻地，从远处，从黑夜背后传来断断续续的声音。如同我的心跳平静而可疑。越来越近，近。好事是不必如此的，我想。小屋的门关着，一家三口睡得像大地，像夜。

沙沙声戛然而止。满山坡黑压压的，蚂蚁般，慢慢大得像野猪，像小轿车，像倒下的山。原来仍是人，环绕着我和小屋停下来。火把一下全部点燃。没有一点儿原因。一个凶悍的男子向前走来。可以肯定，他没有看到我，或者说根本没放在眼里。他比我离门更近了。门里的人睡得很美。静，啊，静。我猛想起三岁时奶奶所讲的抢婚的传说。我丧失了思考能力。一下拔起一棵大树，横扫过去。我抡着，打着，拼杀着。奇怪的是没有发出一点声响，相互呼应的仅仅是一具具倒下的尸首。我胜利了。一片漆黑。只剩我一人站着，最后也倒下了。我的手触到了什么，热热的，黏糊糊的。这种东西比枝头那幽黑的眸子还耀眼。我惊恐地发现，倒在身边和远方的尽是些孩子。最大的也就十三岁。

这时，小屋的门——开了。传出婴儿的哭声，像是刘。

1996年底，1997年初

"巴黎三城"之春

她将从此归来，就像从此远去？
一片天空被性别的风举过头顶
我所能回忆的仅此而已：一个人走了
破日记为风鼓掌，汽笛的速度神圣

也许我一直在追随，尽管早已深谙：
即使行至千里，我终将被放弃或者
自弃。南京路上梦到母亲的花园
丝瓜下的手臂，小花猫和苹果

1996年，上海复旦

绝句

（黑夜最初的光芒）

细雨在神的天空飞翔，拾荒者走进地道

他自马路对面走上来时已是一名女郎

你与她匆匆相遇

将沉默封存于黑夜最初的光芒

1996年6月17日作，后有微调

148

蔺沟——春节家书

放下疲惫的二十世纪，放下自己
你接受田园的包围，任太阳独往
黑狗沿墙徘徊，白杨暗暗长高
借助北风你撕开衣襟，仰望每一天

水的妻子在远方等你，她舍不得海
这你知道。你比沉默还要静
抚摸镰刀、锯子，让牛犊休息
一两草药的对面，你方圆百里

金黄的燕子为我筑巢，深入你的
膏肓。末代的守夜人不奢望永恒
他只想敲一敲月亮。在梆子的重心
他过早地睡去……手滑向你的乳房

你就是我女儿的婚纱——蔺沟

蔺沟呀蔺沟，最后长出男人的土地

你很洁白你很洁白

雪在舞蹈，过年正好

1996年1月31日作，1996年春定稿

春

雪是跳下天空的女先知
濯洗乱石也濯洗我
那时我是害羞的花朵
管不住自己的芳香的花朵
四月中最最寻常的植株

雪是跳下天堂的女英雄
她不知我已爱上她
这时我是觉醒的狮子
独坐山岗，为弃我而去的猎人写诗
一位雪的猎人，一位天堂的猎人

百发百中。洁白的大雪
带着伤回到大地的高度

1996 年 4 月

绝句

（声音）

你可曾想象　一种声音击在胸口

击在胸口　并且倾心在体表奔走

不管有无挽留　这声音仅此一次

仅此一次　直到神秘的死亡临头①

1996年春节

---

① 另一版本中"神秘"写作"神圣"。

雪（版本之二）

落下来，自天外落下来
雪和雪花落下来
先于泪水落下来
九位女神温暖的肉体

雪歌唱着，走向分娩的家族
这雪令四面八方抛弃红妆
这雪将初吻献给陌生的角落
互不相识的角落，遥遥相望

这就是沉甸甸的雪
一个人因不能睡在一片雪花里
死去，他只能想另一个人
无边的鹅毛和梨花

1996年2月

断章

※

信纸上褶皱的太阳，仍在燃烧

1998年

※

现实即命令

而我是幻觉

1998年6月21日夜

※

创造一种代替诗的诗

1998年1月

※

朋友，是时候了
痛苦已修整一新
1997年

※

大地隐瞒了道路
死者撇下了死亡
1997年9月20日

※

火烧天堂。没有故乡
在诗歌的地狱里度过黄金时光
1997年4月11日

※

夜深了

世界一人睡去

1996 年 8 月 22 日

※

你是九亿人和诗的孤独

1996 年 6 月 28 日

※（梦）

大雨的日子

羞涩的日子

偷偷地变成母亲

冬小麦正在返青

1996 年 3 月 29 日雨中行

※

越走越远

这就是路

1995 年

※

父亲寻常的表情里

诞生了我

1995 年 10 月 24 日

※

高一高二的我

像"孤独的圆中孤独的圆心"

1995 年 1 月 15 日

※ （翻译家）

多么美

你译成

多么孤独

感谢指责

多么孤独

你译成

多么美

1994年

※ （在一首失败的诗中我虚构了索德格朗的三
段话）

"陌生人，你不知道吗？

我曾用贴身内衣换取

廉价的稿纸和屈辱

静静度过一生和痛苦"

"少年，请永锤炼自己
我和万事你应怀疑
你应让艰险的路
支持你的心奔走"

"是时候了，远行人，是的
你要让美丽缥缈的天使
恢复成灰姑娘，然后爱她
和世界保持爱情的距离"

1993年秋，1995年底

| 第三辑 | 时间晶体

（2023—1997）

世纪之交的十四行

（1997—2001）

乌有

从乌有之点汲取新鲜的呼吸
从卑微一瞬引出无尽的瑰伟
太阳的指纹是她迷离的记忆
萦绕万千英雄的灵魂。她是谁？

她是自由之海中易碎的浪花
默默淘洗那失败的战争和美
她让众神的同龄人顺利长大
她可曾后悔？她又终将赦免谁？

她那奇异的疯女儿早已出嫁
还是随她隐身于喧嚣的城市？
她的知己注定对她一无所知

朝圣般走向她的人正背离她？

一颗颗星奔赴又消逝于这个星球
一代代人前仆后继饮下时光烈酒

1998 年

命运：不可错过

倾斜的天空染红蓝蓝的羽翼

大地很累很美，她渴望飞行，她需要沉睡

这时，妓院里的灯又将琵琶照醉

大海的乳房神秘地战栗不已

水手们的灵魂如同祖传的包袱

被肤浅地埋在大城市的四角

有些干渴而潮湿，有些苍白完好

这时，肥沃的一千夜轰然倒向黄土

还有最后一夜。不朽的夜。夜……

"你们，一个得死，一个将养活世界。"

只见两棵树变绿，上帝就已后悔

这时，太阳的羽翼扑打着烈火

大地很累很美，她渴望飞行，她需要沉睡

她博学的命运向一切砍伐着

1997年6月28日—7月3日，上海复旦

九月

妹妹，九月是思念的日子

这时你无论如何要笑一笑

我看不到，但我能听见

风儿伴着奏，略显蹩脚

却很美，如同诗歌中的雨水

打湿虔诚颤动的睫毛

朦朦胧胧中

我看到你已悄然长高

高出那个村子，那片玉米

妈妈终于抬起头，充满了自豪

死去的姥姥从梦中递出几块月饼

你吃得最慢、最少

你吃得最慢

最少

1997 年，1998 年

兰波兰波

一名学生。一名我没有教过的学生

说着我不懂的语言，做着我憧憬的事情和梦

卖掉书，解放双手

摘取属于夜莺的星并借助星光遗弃此星

胸中充满愤慨，身边没有爱情

徒有一人静静将你从巴黎和酒精中带入及时的枪声

以后的事情要问非洲

没有回声。只见合欢树正在沙漠之外追逐着风

追逐美。美曾经在你双膝上承受欺凌

美需要你的一条腿

于是你细长的右腿从一个阴影跳进另一个阴影

摸着黑，故乡轻轻造好病床，在书中列一章将你欢迎

"诗歌，"你笑道，"她是谁?"

话音未落，你神秘的口型已改变了永恒

1999年5月26日

语言

白色火舌般的利剑吸满寂静

悬于头顶

看不见锋利甚至不存在的剑

悬于头顶

随时都可能当头一劈

随时随地

没人能说清是干将莫邪

还是达摩克利斯

这六月的闪电斩铁如泥

反反复复向下劈

沧海桑田，仍未劈下来

豪气长存，年华虚掷

看不见锋利甚至不存在的剑

风中的利剑

1999年6月17日

海德格尔①

城市仿佛饶舌的车前草停在陋室
邻居即上帝，咳嗽声被他自己打湿
于是听到出租车从格尔滑向海德
所经的道路消逝，只剩柏油和距离

赋予凌晨三点以灯盏，染红并打断
反复被引用的悲剧，舞台缓缓变暗
世界不再是背景，你也不再是角色
扮演着泪水，久久徘徊于人类彼岸

这么多话仍未抵达诗歌，这么多话
痛苦般协助玉兰花做着梦和加法
这并未妨碍哲人死去，死在深刻的

---

① 复旦大学旁原有一个以海德格尔命名的酒吧。

骆驼蹄下。今夜骆驼就在这屋檐下

静候陌生人到大海里汲取一滴水

交给新的陌生人，骑上它荷月而归

1999年8月20日

挽歌：朋友之女莫名坠楼，警方称排除他杀

黑夜在楼顶堆积

突然，楼高出了它自己

风筝和雨一起落下

落向她无声无息的孩子

从此，她有了人间制高点

她提着中级职称和鸡毛菜登攀

她会不断走到那儿：

上帝只是尘埃和一头细汗

隐身于女儿的书桌和大海

推开窗，天一片空白

主题由另一课堂阐发

桌子听另一把椅子安排

底片变大，把墙支撑

无视晨曦被草逐出草丛

1999年9月28日作于上海彭浦，后有细微修订

在这个时代

——给海子和崔健

在这个时代，有一种美就如同鸡肋
诗人要用一生将其放弃
在这个时代，优异的乐手要用怀疑
附丽于点点尘灰和疲惫

在这个时代，必须给世界一次机会
又一次机会，让天从容别致地变黑
温暖的灵魂从自身淡出
悬挂在滑下山坡的枫树

一片红叶开始燃烧
一潭死水开始燃烧

在这个时代，最好彻底堕落

百鸟飞散，万家灯火

滚滚霹雳停在永恒的半空

听不到一丝风雨声

1999 年 11 月 14 日

深歌：二〇〇〇年十二月三十日

　　　　羊群

　　　　使道路乱成一片

　　　　　　　　——洛尔卡

深歌。深歌。仅仅为了
让一阵风吹过

共和新路两端落下同一片树叶
静寂如雷。约定俗成的黑夜

"连石头也会发出哭声。"
《圣经》和绿色纸币中没有骑手的姓名

没有拨号音。三角形的灵魂
过剩的嘴唇

一根进口的牙刷抚摸自由

抚摸学龄前的茅台酒。鱼。在游

这一封信或那一座城

可能是雪。雪花。向右倾斜的风筝

仅仅为了

一阵风吹过

"十里南京路，一个新世界"

这里曾是汪洋一片

沙子、炮火和英雄先后上岸

如今这里成了步行街

左腿放慢速度，踩住右眼

看：人多么多

垃圾箱屈居亚军。渐入佳境的

雕像，食指伸直然后断裂

站稳，别动！纽约口音和闪光灯笑了

拦腰驶过悬着毛主席像的宝马

刘老师空着手从书店旋转楼梯走下

依次爱上五名女学生：发廊小姐

自学成才的乞妇，杂交玫瑰花

镜中的面庞和摇曳的模特

没人察觉，他的鞋带，松了

2000 年

偶然

"给死去的人戴上戒指。"关上电视

树叶、电话号码、静寂和月光落了一地

摊开日记：今天。晴。她走进房间

碰倒我的椅子、可乐、祖籍和站姿

她拿出小小的雨花石和一本书

放大一个人的生日。"无人准备蜡烛?"

窗外慢慢变暗……话语悄悄变短

二十妙龄和局促的饺子被塞入这个下午

一盘摇滚磁带卡住，一阵呼吸，一阵风

口红！手掌在旅行时发出咳嗽声

高跟鞋与危险就此被删改成浪漫

这浪漫源于虚构，源于一种

邂逅，一个后鼻音，一辆出租车
一些偶然的软弱，偶然的酒、胃痛与执着

2001年2月2日，上海海运学院

故乡的神灵劫持我

（2023—2006）

这时故乡的神灵劫持我
飞速地，超出我的猜想，
远远地，到我从未
想去的地方
——荷尔德林

我年青时视为事实的东西在记忆中变成了奇迹。
——希尼

女知青

你住在村庄当时最古的房子中，

住在一个句子里。

人们都叫你女知青，

仿佛不需要姓与名。

你清瘦得一如那个年代。

常常在除草或割麦间隙和伙伴们

说着说着就笑了起来，那时，

似乎什么都有趣又极其单调。

一根铁丝停在两棵杨树之间，

蓝格裙子变出白衬衫变出英语和阳光。

你吃糖的样子是一种慢动作的甜，

那薄荷味我至今也未完全适应。

你曾展示一个蝴蝶标本，它们的翅膀

张开，颜色鲜亮，飞行在无穷的

静止之中。你转借给我一部
莎士比亚，没有封面与开头。
归还时我说，怎么全是对话？
那是生命中第一次像样的
沉默。所有沉默，皆为序章。

那古旧的房子一直在生长，直至
谁都看不见它，就像谁都记不清
你具体离开于哪一年。时间
是魔法师，一个人或物美丽地
存在又消失在无限与无情之中。

早上，你把一只西瓜沉进井中
傍晚提上来，我会背了一首孟浩然。
井里是月的颤抖和等待返回天空的
雨，还有你突然忍住不笑的脸。
当水面彻彻底底静下来，
已是四十年后的今天。

2023年，上海静安

绝句

（回乡偶书）

回到家乡，孩子们不认识你，

也不在意你从哪里来。

雪花与桃花同在，菩萨畏因，众生畏果，

那逝去的一切一边构成未来一边将其修改。

2023年，北京蔺沟

阳光与泪水

生命最后几年，奶奶总是来我家晒太阳，

好像这里的阳光有什么不一样。

没有太阳的日子，她也会来，

不吃饭，只喝花茶，拐杖比话语持久。

奶奶不易相处，衰老改变了一些，

也只是一些。她在北京猝然离世时，

妈妈正在上海。妈妈沉默许久说，很想

抱抱她。外婆就是在妈妈怀里安详地走的。

一九八八年春节，是这个守寡多年的

小脚老人在尘世的最后一天。

新的一年就这样开始，开始于

盛大的团圆以及与之对称的悲伤。

哭声穿过大姨二姨三姨老姨舅舅

表哥表姐表弟表妹和邻家女孩。

哭声在哥哥和我身上滑落，

那一天就两个生瓜蛋子没哭。

那时，既不懂得泪水，也不懂得

阳光。而今被迫懂得了其一。

2023年12月，上海越秀苑

养乌鸦的少年

那年七岁，八岁或九岁，
在村东树林边的雪地上，
你发现一只乌鸦
放弃了天空的辽阔和枝头的轻盈，
摇摇晃晃走在人类的村庄，
走在白色与白色之间。

它不再鸣叫，
它的安静里有一种可怕的神秘。
它不断用舌，用喙，
拜访受伤了的右翅。

时间自它的羽毛上滴落。
它终究吃起青菜叶、馒头屑，
眼神疲惫，却又在燃烧。
半个月，翅羽渐渐痊愈。
你又挽留了它三天，

在一个黄昏带它到村东。

它步调平稳没有回头，

终于斜着飞起迅速遁入绿得发黑的树林。

哥哥说，确实有过一只乌鸦，

确实耷拉着翅膀，确实

陪伴了数日，但它最终死在了笼中。

笼子是爸爸用柳木所做，

世间最简陋也最完备的鸟笼。

爸爸说，是吗？乌鸦？笼子？

妈妈说，这事像你做的，不过，

什么样的心理才会养一只乌鸦呢？

这一夜，你睡得很迟：

一只黑色的鸟儿孤单地走过被时间

遗忘的村庄，羽毛轻柔而锋利。

黑夜是它的一部分，黑夜和它一同

战栗了一下。鸟儿，鸟儿只能死于飞翔。

2022年，上海顾村

西瓜要到西瓜地里吃

西瓜要到西瓜地里吃。

白天可以大大方方地去，

我们更喜欢趁着夜色

做爬行动物，爬得远的有好瓜。

转眼一个黑影已来到面前，

他一掌劈开一只瓜。

我们吃得眉毛都红了，胳膊肘一擦：

"叔！""叔，我错了。"

此刻，他已转身向瓜棚走去。

我们羞愧而又兴奋，先是

像鱼一样伏下，又开始爬行，

然后，一个个直立起身行走，

终于跑起来，双臂做飞状，呼啸。

父亲叫他叔，我叫他叔，

侄辈们也这么叫。

他多年前走了，当我在除夕

听到这个过时的消息，烟花

正飞过全村最高的楼，我

忽然意识到自己已拼不出他的模样。

他能捉最野的扎鱼，能驯服

最暴烈的马，割起麦子一可顶三，

不知为什么终身未娶。

岁月注满他的周身，奇异也注满，

然而无人关心，他自己似乎也不关心，

就像无人在意西瓜为什么表面平滑、

汁瓤甜美，而藤蔓上布满了细刺。

他一掌劈来："西瓜在西瓜地里吃最甜。"

2021年7月，上海顾村

父亲的夜晚

夜。二号线。地铁搬运着华丽

与疲惫。邻座女孩在刷朋友圈。

她的腿白皙笔直，右膝上不规则的疤痕

仿佛一枚古早的钱币，一闪一闪。

"世纪大道到了！We are ..."她突然

哭了，哭声汇入车厢不容置疑的喘息。

惊异的目光投来，我下意识地向旁边一挪

又悄悄坐回。泪水低于泪水。我打开手机：

他说，当初曾想杀死父亲；她说

儿子出生那年自己失去了父亲；他说

父亲节女儿唱起《世上只有妈妈好》；她说

今天我依旧无法原谅你但要为你祈祷。

女孩的哭声渐弱，有那么一刻，

巨大的寂静仿佛和车身一起脱离了

轨道。悲剧是自足的。我拨通父亲的

电话。一千个词在大脑里拔河，

我们只是聊了聊妈妈和象棋，还有

村里走失的"疯秀英"。

女孩的哭声再度

升起。毫无缘由地洞穿

这一刻。就像刚才什么都

不曾发生。就像刚才应许了一切。

她哭得撕心裂肺，这撕心裂肺令我羞愧，

她哭得旁若无人，这旁若无人将你安慰。

2017年6月18日父亲节，上海地铁即景

竹篮打水

竹篮从井里拎上来

一只昨晚的西瓜拎上来

里面是甜，是红，是球状的黑夜

是童年与消逝

竹篮从井里拎上来

滴滴答答

不知该如何感谢这约定俗成的坠落

这不断更新的空

竹篮从井里拎上来

天空，乱了

2016年作于上海，后有所修订

妈妈在上海

妈妈将房间收拾得

就像自己从不曾来过

她登上东方明珠

说电视塔在晃，对面

大楼在晃，霾，也在晃

她在晃动的城市生了病

验尿，验血

她攥紧的手像一片橘子皮

那是宇宙的秘密地图

在人民广场，在大光明影院

她想念家乡鸡飞狗跳

的菜园，还有麦地

牛羊低语，斑斓之蛇就位

她有着水的柔弱和火的决断

她来自一阵风

她是父亲所有的痛与爱

她临行前去基督教堂

跪下，祷告

向牧师请教一个问题

为教友购一部《新约》

然后，默立良久

人生七十，越远的事越清晰

彼时，大人物都在，大事件不断

而今，她与卑微和解，不再畏惧

"死亡这个永无止境的故事"

清晨，她在阳光里梳洗

说，昨夜梦见妈妈和公公

说，他们在那边懂得了幽默

说，你们本应还有个哥哥

我想，那未及出生者或许是姐姐

此刻，她正在一阵风中

轻轻推开一扇门：

一只老虎从天空跳将下来

2016年4月，上海顾村

绝句

（记梦）

露水洗净了布鞋

麦子磨快了镰刀

爸爸点燃一支烟

妈妈在笑

2012年11月21日，上海

头桥

雨召唤雨。有台风的日子你偏向海边行,

从闸北到人民广场转二号线再坐长途回奉贤头桥。

摩的。地铁。大巴。步行。

龙阳。北蔡。下沙。新场。

略去三十几个站名便是小镇头桥了。

这里有你的两室一厅,有无边的陌生,

你满足于这种在场又不在场。

这里在某一刻比外滩和新天地还闹猛,

这里可以是纽约里约可以是尼斯威尼斯,

但好就好在它就是头桥。

三四万的人口一半来自外地,

忙碌将所有人合一又悄悄分开。

每个人只被允许看见头桥的一部分。

华盛新苑是你的圆心,当顶楼女孩的

小提琴声从锯木头悄悄变得透明，悠扬，

你莫名欣慰，感觉可以离开或换个居所了。

主街东头是农田，菜花黄，竹叶青。

越往西越有烟火气，一只杂色柴狗

在认真舔舐自己的生殖器，一个短发少妇

低着头奶孩子，一名男子走出便利店，

享受地吸了一口红双喜，目光滑过少妇，

然后，潇洒地踢了柴狗一脚，

狗无声的背影里，瘦瘦的丝瓜藤爬上电线杆，

沿着电线，以一己的碧绿

轻盈抵达了野蛮生长的马路对面。

世界是有缝隙的，

此刻你便在其间。

2008 年，2009 年，上海奉贤头桥

致

一九七六年，我两岁，你四岁，

一种痛缠住我，爸爸求医妈妈问药。

她怀中我在哭，他身后

你在小跑。"累吗？让妈抱抱。"

"不累，您还是抱弟弟吧。"

"你真好！""不是我好，是妈做的鞋好。"

小脸红扑扑。起风了。

男医生。女护士。麻醉。开刀。

玉米生了一层锈，土地背叛土地，

夜晚从一片羽毛开始。全家来到

天安门广场和液态的肃穆之间。

红色的陌生人，红色的哀悼。

多年后一切挤进了妈妈的一封信：

一只鞋！一只鞋从此再没找着。

一九八六年，书包斜挎，一个补丁停在裆部。

上学背一首李白，放学吃一块月饼。

过河。过河。淹了学生，没了老师，

那不是黄河滚滚，那是温榆河的平静。

偶然的周末，你骑车载我去镇上买肋排，

风湿湿的，像一只手抚摸着歌声，

到了，你一掏口袋：坏了，两块钱丢了。

……妈妈抄起鸡毛掸子……而今一点也不疼。

没有奢望的日子，大家兀自铆劲；

没有爱情的日子，一个姑娘说了声，冷。

逃课的不再逃课，打架的不再打架。

雨自秋天落下，我们登上长城，

一块"到此一游"的砖头，两声长啸，

乳臭未干就他妈的成了好汉和英雄。

一九九六年，荷尔蒙过剩，玫瑰告急。

写诗。写歌。像猫扑打水里的影子。

海子，北岛，顾城。死了，走了，死了。

你要盘旋多久才会停下来，燕子！

新闻里拾破烂的人从垃圾桶里抱起男婴，

孩子活了。香港将归。院中不见了弟弟。

你推开门："雷来了，他在远方徘徊。"

牛粪臭。青草青。轿车轿车。尾气尾气。

一觉醒来，坚冰说服了浪头。

大家到冬天里过年，雪人比真人站得还直，

黑煤球望眼欲穿，胡萝卜侧转身，

深呼吸，一截棍子断成双臂。

有口无言，从白天坐到黑夜。

夜长梦多，有时是狐狸精有时是刀子。

二〇〇六年，荷尔蒙在街头奔跑，

你却莫名陷入囹圄，父母瞬间老去十年，

我只想让黄浦江的风吹透周身。

第三个春节了，还是无法与你相见。

梦里，是邮票般大小的家，

梦外，恐惧爱，也恐惧廉价的抱怨。

记忆是一个斜坡，迅速下滑。

渴望一切迅速过去，又希望时间倒转——

女知青从桥头嬉笑着走过，我们

拉钩许愿：共娶一个妻子，美若天仙，

带着父母周游世界。而今，

我们都若无其事地违背了诺言。

妈妈做好饭，爸爸把烟在鞋底蹀灭，

你在照片里笑，你的位子上空置一只碗。

2006年1月作，2023年初，因故重写倒数第二节

不存在的自己

他奔跑于雪中，不看风景也不和自己说话，
直至满身是汗，连睾丸都湿了。奔跑于
药片般的路灯和生锈的队伍之间，核酸与它
未及完成的纪念碑之间。
他突然蹲下，向着巴掌大的土地泪如雨下。

2022春，2022冬，上海

唯有灰烬安慰我

梦的深处是老宅中一面古旧的镜子，

镜子深处是一场大火。

火焰在庭院中在枝头在门窗上跳跃，

没有声音，没有热度，

不占用任何镜子之外的空间，

不毁坏任何镜外真实的事物，

唯有燃烧。

燃烧使镜子变得深刻，辽阔，

或许还包括冷静。

火似乎是永恒的，

而老宅早已失落。

死在镜中的人渴望在真实中再死一次。

梦境反复，在京郊，在上海，

始终没有看到那持镜的手。

岁月静静燃烧，

看不见灰烬，

看不见的灰烬安慰我。

2015年1月，上海浦东

为水造一双眼睛

（2016—2023）

0.序诗

亿万个父亲已完成使命，或败得

有些狼狈，我依然兴致勃勃地

从零开始，豪迈而惶恐地等待

你和世界一起诞生。此刻，你想

不做我的孩子已无可能。当然，

你可以选择性别，你有七八个月的时间。

虽然，医生说已经无可变更，

但我想，也许你拥有一点点神力。

不要在意父母的心思或世界的眼神，

你要做自己小小的王。你可以胖些，

也可以瘦些，可以高些也可以

矮些，可以白些也可以黑些，

可以帅些，也可以丑些，

你可以一个人到来，也可以两个

或三个，不过也不要太多。

听！你正在妈妈的皮肤宇宙中打醉拳，

那是奇异而辽阔的黑暗。

疼，原力！生是自由的，

将从被动、苦痛和时间的深处涌现。

2016年冬

1.诞生

时间在一片黑暗与鲜红中清洗自己。

没有我，你依然会诞生，

因为有一种未知需要你，

就像世界总是隐身于花儿与夜晚。

千百次想象你会长成什么样子，

真见到了，还是有些许意外。

一，二，三四五，一二三四五，

手指和脚趾完满，头发浓密，

双耳近乎透明地支棱着似乎随时准备起飞。

血被拭去，你像一颗穿越时空而来的星球，

袒露无遗而又被神秘充满。

你从两亿分之一，从一个细胞

变成此情此景。此刻，你不关心世界，

只是闭着双眼放声哭泣——这

就是传说中的"水从天堂涌出"①?

2017 年 8 月

---

① 出自特德·休斯的诗，有微调。

2.尝世界

随着你的到来，时间不断弯曲，摇曳。

最初以分钟为单位，每一分钟里

都可能兼容了阴与晴。紧接着是

小时，然后大家说你三天四天五天了，

再后来很长时间里以周为单位，

两周或三周了，各种花色的检查，

你不吃一丝一毫的盐，仅仅喝奶。

渐渐地诞生了——月。

四五个月时，你吃自己的手，

左手，右手，右手。

吃铃铛，吃爸爸的额头，

吃奶奶的钥匙外公的围巾，

吃一根原木筷子钝钝的部分，

吃妈妈的目光，吃地球仪的倾斜与旋转。

上午，吃；下午，吃。

吃黄昏吃李白诗四百首吃博尔赫斯，

吃莫奈吃d小调幻想曲，

吃夜半时分自己无端的哭泣。

医生说你在"品尝世界"。

品尝，尝试，未尝。

齿舌是一切之肇始。

护士小姐说："在妈妈肚子里，

宝贝还吃自己的小便甚至便便呢。"

吃母体内的黑夜，吃白玉兰的白日梦，

吃未拆封的信，吃尚未诞生者。

吃。

时间折叠着空间，

每一秒钟都正经历着无，与无限。

2018年1月4日

3.你是一个小小的大自然

你一生下来就会哭，

用声音和泪水拜访这个世界。

你花了较长时间才学会笑，

有时，笑着笑着又兀自哭了。

你笨拙地翻个身，看看这小小的

世界，然后开始在我身体上攀爬。

你悄悄停下来，轻轻抚摸，

像一个小小的神在用手指思考。

你似乎倦了，伸个懒腰，

打算在我的肩头练习飞翔，

就像你曾在妈妈体内所做的那样，

不分昼夜，也不在乎后果。

你是一个小小的大自然，

无形的时间正是你的翅膀。

2018年，北北周岁纪念

4. 重新诞生

两岁，当你的头刚好高出桌角，
你发明了一种语言，音调和词汇很少，

比古人"五音"还少，你不断重复，
就像外星生命用貌似原始的方式发报。

你创造了一种会蹦会跳的声音，
而我未能创造与之匹配的倾听。

你触发了一种不确定的美，
并在不确定与美之中重新诞生。

我也要做新的自己，因为你，因为
一种隐秘的愧疚，因为一个无名目的梦。

2019年

5. 隐

起初，你隐身于一道光，隐身于

新鲜的呕吐感，然后隐身于时间。

起初，你连翻身都不会，

终于可以坐直，享受肉嘟嘟的倾斜。

一周岁时，两次都抓到了笔，

轻松涂抹几个字，藏到窗纱与浮动背后。

两岁，你藏到床下，一张宣纸悬为一扇门。

三岁，你藏到了幼儿园。

还是三岁，

你自客厅尽头跑向我，倏地站定，

小天鹅般原地转一圈，说：找我找我！

我走向你，眼看就要触碰到时，

你紧张而快活，笑声落在地上又弹起。

这是魔法的一部分，我看不见也听不见，

在即将撞到你的刹那迅速而自然地绕过：

空间是弯曲的，你，是透明的。

隐。

我到每个房间里喊你的名字，

面对着"空"大声说：看见你了，快出来！

依旧找不到，于是陷入沙发垂下头。

懊恼的时钟嘀嗒嘀嗒，突然屋子静了下来。

你大笑：我在这里，在这里

！

在这里的人也在那里，

会隐身的人也会分身。

终究，你将穿过一千座城市，

将回到一道光，一个多重的未来。

2021年

6. "来，我们为水造一双眼睛吧"

"来，我们为水造一双眼睛吧。"

我不知道怎么造，你也不寻求协助，

只是命令我闭上眼睛，几乎

过了一个世纪，才说"睁——眼"。

你像水溶于水，忘了一旁泥做的皮囊。

你一个世纪的忙碌不过是

完成了一次湿漉漉的失败。

你在盛水果的大瓷盘里放入一只碗，

再放上一只小碗再放上两只晶莹的小酒杯，

然后将水自最高处倒下，倒至一半，酒杯倾斜，

摔倒，一只，两只，像基围虾一样游动，

你伸出手又停住，认认真真地哭，

哭的不是这世间最小的塔的倒掉，而是：

"灯光一闪一闪，水原本就有许多眼睛。"

它们都看着你，就像银河看着苏州河。

我不敢去安慰你，生怕从这栩栩的梦中醒来。

2021 年

7.所有这些，你都可能忘记

三四个月时，脸像软滑的土豆，
泪水充沛，放屁响亮。
抓弄自己的小鸡鸡甚至便便，
你不觉得脏，也不在乎干净。

一周岁了，你还不知镜中的
你就是你，
你笑他也笑你哭他也哭。
用好奇心模仿一面镜子的存在与虚无。

一岁半，你在桌上摊开一本厚厚的书，
一个字都不认识，一个字一个字地看，
心得满满，说了几句自己星球的语言，
妈妈宣称破译了，手舞足蹈鼓励你，
就像鼓励一匹会弹钢琴的马驹。

两岁前后，你病了十来天，

住院，验尿，验血，呼气，拍片。

医生说有多种不好的可能，并悉心排除。

终究，我由极度焦虑变为从容，

医院朦胧的灯光中你的睫毛

一颤一颤。

后来，你学了几首诗，可以鹅鹅鹅，

可以大江东去人来鸟不惊。

我说叫"爸爸"你就叫了，

一个"我"字，你学了两三年，

不比别人快，但也没慢多少。

有段时期，你半夜里摸我的耳朵，

摸到了哭摸不到也哭，像一种试探，

像雨水抚摸石头，像神抚摸一片废墟，

抚摸一只尚未成熟的苹果。

成长有时是一个被动语态，

小朋友给你一拳，我问你是否打了回去？

妈妈说——不，要知对错、懂轻重。

还有一次受了什么触动，回家后你问我

是否看过那本《活了一百万次的猫》。

你还好奇，为什么孙悟空的一个筋斗

正好是西天取经的路程十万八千里？

你不喜欢紧箍咒，你喜欢金箍棒。

你问山药里有山吗？妈妈说，

没山，但是有药。什么药？猜。

你说为什么眼睛会流泪而耳朵不会？

为什么眼睛不会握手？

为什么？

爷爷说：小心，别摔跤，谁摔跤谁疼。

你说：我摔跤我疼你不疼，但是你会心疼。

所有，

所有这些，

所有这些你都很可能忘记。

当然你也记得许多，那些成年人

世故地认为不重要或无意义之种种。

为什么三四岁前的绝大部分记忆会被抹去？

这是人类的秘密，也是宇宙的诡计。

时间才刚刚开始，成年后很多事也注定被遗忘。

终究，人是靠遗忘活着，

而发生的还会再次发生。

一个字走出字典又悄悄返回，

一片雪花跳下天堂又冷静地望向高空。

2022 年

8. 绝句

（神也是一个孩子）

或许，永恒曾经来过，低低

咳嗽一声，将玩具放进红色盒子里。

永恒是一个贪玩的

孩子。神也是一个孩子。

2022 年

9. 金箍棒

"爸爸是水，我把爸爸喝掉。

爸爸是老虎，我把他带到山上。

我画了一个孙悟空，

我拉着爸爸大声讲：

这也是你，妖怪太多了快去捉。

爸爸说，棒，真棒，金箍棒！"

2022年1月30日

10. 风和风筝

丽芳阿姨在朋友圈发过小宝的一句话，

类似意思你也说过：多美啊，有哈密瓜，

有太阳和星星，有大象和小象，有风也有风筝，

还有妈妈的衣角快乐不快乐时都可以拉一下。

2022 年

11. 病毒

"病毒七十二变，

为什么火眼金睛的爸爸看不见它，

为什么我锋利的剪刀也剪不掉它？"

2022 年 4 月

12.算法

"爸，你为什么总是说'人生'，人生就是重复，人生就是麻烦，还有什么人生就是算法就是菩提……"

2022 年 5 月 18 日

13. 大地的声音

　　你最怕的是猫，最喜欢的也是猫。在商量是否养一只猫时，来家中做客的朋友柳绦给你讲了自己的发现：猫和老鼠是天敌，不过，猫刚刚生下来时，最像小老鼠了，迷醉地闭着眼，周身几乎是透明的。这小老鼠长着长着就长成了猫。你问，幼儿园老师说老虎也是猫科，如果小猫再长，会不会像老虎呢？柳绦笑着说，会的，猫和虎互相真有些像的。你似乎不相信，问，老虎会像猫一样爬树吗？柳绦说，当然。不过，老虎体形大不能爬太细小的树，猫呢不管树粗树细都没问题。

　　柳绦还说，猫从很高的地方跳下来也不会摔死，甚至不会发出一丝声音。周末傍晚，上完围棋课回到家门口时，你碰巧看到一只狸花猫自树上跳下。你问，为什么我听到了些什么。柳绦想了想说，那也许是大地的声音，大地被什么莫名触动而微微向上一跃的声音。

2022年12月

14. 蓝将军

妈妈网购了一箱白纸。她转过身，

白色在白色内部滑雪，纸在纸中做梦。

你赤脚走上去，坐下，然后又把自己移出纸张。

先画蓝将军——这几个字轻轻击中了我。

你说他的眼睛和血都是蓝色的。

你说，还要画红将军、绿将军、

黄将军、紫将军、黑将军。

黑将军也是好人，就是样子凶。还有王将军，

他是战队里的大王，但他唯一的小兵是自己。

还有坏坏的邪将军。

还有死将军，你让他每到月圆的时候复活。

你开始学拼音，取来崭新的字典说，

还有另一个兰将军，

花木兰的兰，威风的女将军。

还有岚将军，澜将军，滥将军，

嗯还有拦将军，他的脾气不太好。

还有懒将军，懒得很，平常睡大觉，

重要时刻才出手，不过他分不清什么时候重要。

还有烂将军，总是打败仗，盔甲破破烂烂。

我说，烂也有灿烂的意思。

你扭过头：这个字比较幽默。

此刻，你尚未看过外国某动画片，

也不知道山东有某种香烟，世上

想必还有其他关于将军的故事。

当你来日与诸位将军狭路相逢，

愿你能保持无知，保持好奇，

保持自己的赤橙黄绿青蓝紫。

2023年7月22日

15. 故事

妈妈最喜欢你低头看书的样子，

书把你和世界区分开，然后，

又更深更隐秘地连接。

你的书占领了家中多个有利地形。

学了拼音，自己查字典看书，

而更多时候还是喜欢用耳朵想象：

刷牙听打球听开心听伤心听，

无故事不入睡无故事不学习。

讲故事几乎成为了妈妈的负担，

你转而命令我讲，我说，"好，

我讲一个故事，你也要讲一个，

这样每人就有了两个故事。"

起初你不情愿，真开了口一讲就是二十分钟，

一早到晚发生的事都被挂到圣诞树上，

后羿和大禹和宝玉和白雪公主

坐在了一起，语言交换语言，情节折叠情节。

没有故事也是故事，

没有发生的故事也是故事。

你还不知道"故事的专制"，

你天真于自己的迷恋和反对，

——宇宙的尽头是故事。是一声咳嗽。

2023 年

16.算法：当你胜任一场失败

有时，你半夜大喊一声"妈

妈"，翻个身又像小猫一样睡去。你

射门的动作潇洒，你画画得了金奖，你

落选击剑队，爱好的围棋越来越

难，喜欢的小提琴越来越

远，交了一些朋友又失去一些。

风吹落夕阳，又吹来满天星光。

你将可以画一个美丽的女孩。可以

虚构一支军队。可以

发明一点点爱，看着它像咬了一口的苹果

慢慢生锈。你的手臂将有力，

将接住月光同时漏下几个词

语。

你将长大，

个子超过妈妈超过雨后的黄昏，目睹

我的颓丧和疲惫，愤怒和无言，你拍拍

这个成年人或推开另一扇门，遭逢

更多的生活的烦扰，经历

本不属于自己的剧本，见证

故事反转，情感背叛，从皮囊中抽身，

然后又回转。穿过一阵风和风的不幸，

懂得民族有民族的喧哗，世界

有世界的骚动，遇到更大的

悲剧，并在其中大口

呼吸，瞥见死神及其诡异的笑，

重新思考罪与罚与救赎。

没

有人会变成你除非你自己。

你的泪终将融入春天的雨，

你的笑终将摇落冬日的雪。当悲剧

趋于完美，当你胜任一种美，当你

胜任一场失败，甚或发明一场失败，当你

认识到失败从来不仅仅是失败，当失败

和未来同时成为谜底和新的谜面……

2023年

S组诗

（2011—2023）

众神降灾祸于人类，为的是让后世有东西可以颂唱。

——《奥德赛》

上帝掰开面包，面包掰开上帝。

——保罗·策兰《露水》

生生之谓易。

——《周易·系辞上传》

思凡

一条鲥鱼将千百根刺编织进自己的血肉，

然后游进一只瓷盘，像祈祷，

像一个词试图瓦解一部史书，

像什么都不曾发生，

像一个尚不清楚罪为何物的小铁匠，

因为目击了一个女孩的死，

而反复锻打一柄剑，一柄

被血与梦滋养，也被

俗世纠缠的剑，直至与一道闪电合而为一。

2021年10月

觞

——给画家摄影家振宇

点烟。举头。

转身。咳嗽。

五十五岁第一次办个展，

朋友们三三两两来了又走。

"你早已知道自己……"

我让话题远离身体

远离名利，也远离爱情，

一个夜晚容不下太多主题。

你已戒酒，递给我仅存的剑南春，然后，

自己冲一杯咖啡吃半块月饼。你每逢月圆

向儿子学习一句脏话一个洋文或一阵沉默，

并得知美丽的前妻还未完全原谅你。

干杯！你画到一半的芦苇意味着
抵达，你一挥而就的黑马跑不出
白色的画布——这尘世的失败不
够彻底，这尘世的失败不无新意

远远地，月在敲门。

2014年，寿光路

滴

——雨打在万物身上

一通电话，将你定在椅子上，

雨，就在此刻变得急促。

十五年前的雨和最后的雨一并落下，

你兀自说，窗都打开，让雨进来。

对面，是蛮野生长的楼宇，

在雨中，它们俗气而神秘。

雨连接着天和地，雨不在乎，

一心要将所有水滴浪费掉。

一辆出租车闯过一个红灯，

一名快递员反复按同一门铃，

一株白玉兰和另一白玉兰交换秘密，

我抱住两道闪电之间的你。

有个少年永去。静！

那是雨打在万物身上的声音。

2014年夏

裼

——怀念陨落的小学同学刘天会

一棵树走了三十年，仍在原地。

满身疤痕声音幽暗，像我；

总是用叶子和花朵掩饰自己，像我；

总是用整个身躯去接纳雨也接纳雪，像你。

一棵树走了三十年仍在原地。

一圈钢丝深深缠绕几乎与树干融为一体，

钢丝封闭了自己，而树身仍在长高。

原本三米外还有一棵杨树，

原本一件衣服摇曳四季。

一个简体的"刘"字刻得危险，

而又稚拙，那是我们共同的姓，

"文"和"刀"越来越显豁，也越来越远，

天会！只有你可以将它们握在一起。

一棵树走了三十年仍在原地。

植下此树的你已永久沉默，

没有死于大难，却殒命于一束光。

我想写些什么，却也归于静默。

树下平滑的巨石还在，

没有变老也没有变年轻。

不远处那口井还是深不可测，

只是无人再来取水，

也无人关心水中的短刀和星空。

我们关于未来的争执已经变得可笑；

我们各自的梦因你的缺席而互不相欠；

我们一起探索过的革命时期的山洞，

已经塞满上百架放弃了飞行的飞机；

我们都曾暗恋的邻班女生，

已是两个懵懂少年的母亲。

所有的墨泼向虚空——你是幸运的，

再也不会看到我的懦弱与屈辱，

再也不会看到时间的败坏。

没有什么能阻止一朵花的坠落，

没有什么能阻止一颗尘埃高出这人间。

2019 年作，后有修订

仙

你说，人活到一定年龄就不会死了，
就成仙了。外婆一听就笑了。
十月，她九十七岁的心脏停止跳动。
我和你一样相信，她还活着。

她以一种无的方式运行在我们
中间，一语不发，难以捉摸，
只是偶尔眨眨眼，
就像无限的夜空无限靠近我。

2014年

颐

年登花甲，你为自己选址，
终究还是决定比邻祖父。
墓地落成，大方而简素，
上书四个隶字：明月清风。

燃香，放爆竹，酒洒大地。
"山那边，是祖父的祖父。"
此刻，你透出一股英气豪情，
你的女儿却于我肩头流下泪水。

你为自己造墓。山外青山，
山下家园。河流蜿蜒成一缕银线。
松树，柏树，无名花草；

挺拔，葱郁，纤柔连绵。

风吹过它们便吹过整个山岗，
而后又回向命运过剩的天空。

2013 年 10 月作于安徽绩溪，后略有修订

伤

奶奶在凌晨四点闭上双眼，
晨曦缘着悲伤涨满了枝丫。

人们，涌入，灵堂；
人们，涌出，灵堂。

莫名。叔叔一家对你的哥哥拳打
脚踢，挽联与花圈跌倒在街头。

三千里外，你体内的骨头悄然断裂，
平生第一次感到身边的妈妈魂不守舍，

即便几天后你的儿子降生也无法
令她释怀。她的叹息像一条河，

河的上游漂浮着整个家族几十年的爱恨：
爷爷健在，奶奶年轻而多情，改革的风

潜入夜晚和村庄。三世同堂围住一台
九英寸的黑白电视，"世界"突然跳上餐桌。

叔叔很快考下驾照，妈妈为他介绍了个
好单位，周末他载两个侄子去看天安门

和金发美女。后来，叔叔有了儿子，你
抱起他，哥哥剥开一块糖，用小小的甜镌刻

那个黄昏。如今，在这蛮野上升的形而下的
盛世，一个被忽略的死正启动另一种镌刻：

叔叔之子说，爸，奶奶尸骨未寒；
哥哥之子说，爸，我恨不得一夜长大。

两家人断了往来，在各自的伤口上种麦子、
造房子，在时代的红利中点燃一支烟。

四年匆匆，你无法向儿子讲起此事，

也无法让父母兄嫂和叔侄坐向同一餐桌。

你不知如何回护逝者又如何回敬

暴力，记不清是谁说过"生者即墓碑"：

略去无法略去的是非，刻上无法挽留的名字。

黑夜不过去，白天就不会到来。或相反……

2021年冬

殇

倦于创新，你以粗率的手势

带走一阵呼吸，留下一个

突然获得深度又突然失重的时刻

告别，或无从告别，相框兀自升起

在虚空中获得一面墙，墙在流动

从上到下，从左到右，流成，泪水

泪水再造着眼睛，眼睛

再造着世界：很多爱没有走出

医院，很多梦想戴上了

口罩，很多字在图书馆中

起义，有个春天在封锁中盛开
有座城市和一树樱花"分享了

自杀"，就是这样，很多花儿
无法走出春天，而你是春，是夏，

是秋，是冬，就是这样，有的人
在出生之前就已死去，也有的人

在死后重历春日，见证一颗尘埃
区分了四季，一次失败纠正未来

2020年3月，上海顾村

惕

——孔子维吉尔卡夫卡叶芝塞弗尔特等共
同的主题不断被言说

死是开端之前的开端，是开始之后的开始

你爱的人都在消逝，包括她；你恨的
一切都在消逝，包括自己；你亲吻过的
目光正在盲去，包括教堂与酒杯；你读
或不读的文字正在失落，包括这半截的

诗

你爱过的人正在归来，从罪，从芯，从人工智能中
析出
面庞；这个夜晚仿佛世界初成，静寂，欣狂；你恨的

东西正在归来，借助不同肤色、不同语言和大数
　　据；每一滴

雨都从地上站起并跳到天堂所允许的高度；你错
　　过的

目光正在归来，击倒你，就像击倒自己；时间是一
　　块断裂的

天空，神住在那里，敲敲打打修修补补；你信任或
　　不信任的

文字正在归来，审视真实的虚构的一切……生活模仿
死亡，美也模仿死亡，万物又无不模仿那并不存在者

2022 年

熵

——黑暗传

黑暗也无非是这样。黑暗

是一种邀请。一切就绪，黑暗

拍了一下魅惑的二十年代。黑暗

是一面镜子可以"正衣冠知兴替明得失"

黑暗爱每个人。爱

老人。爱孩子。爱

上海与下海。爱花枝与乱颤。爱

残暴与光明。爱人工与智能。爱

芯片与禁运。爱新闻死去与病毒变异。爱

潸然与泪下。爱自己与自由。黑暗

是伟大的。黑暗最喜欢写诗。黑暗的本质是

飞翔。就像真理总是追随一朵枯萎的花遁入

青涩的果实。就像你终于一点点适应了黑暗

黑暗模仿纪念碑黑暗里

有黄金黑暗在你体内醒

来目击最后一个收藏黑

暗的人在大数据的加持

下将黑暗带到黑暗之外

2022 年

墒，或复

一根柳枝折断，

便是两棵柳树。

它们汲取水，汲取真理和蛇，

汲取永远与白天一样多的夜晚。

2011年

算法

就像凋零的花朵悄悄返回枝头

一根骨头正远远地进入

你

没有人看见

没有人感到疼

痛。唯有

你变得有血有肉，有声有色

你从大数据中获得了

私密从混乱中获得了秩序

你充满幸福和

罪感意识到自己的软弱和卑微

软弱支持着你走到了今天

软弱是你的算法

卑微是你的矛与盾

有一种强力你无从

抗拒有一种自由你无从

言说你不能将一根骨头作为

方法就像你不能将未来作为方法

你有万古愁，世界有谐音梗

你开始变美

月光和泪光

从脸上一起流了下来

一根骨头一根来自"宇宙的郊区"①的骨头正远远

　　进入

2019年，2020年

---

① 格雷厄姆·格林语。

复活

0

有了死亡便有了时间。有了历史。

死亡是一所大学，一个魅惑的书写者，

一首再也听不到的莫扎特，

一滴自虚无中流出的

水，无限之小，无限之大，无限之无形。

1

死亡也会陈旧。

2

生

和死在叠加，

宇和宙和零以毁灭自己的方式完成自己。

3

你相信有一天可以通过"举头

望明月"这行诗复活李白，通过

"路有冻死骨"复活杜甫，你所犹豫的是，

"举头望山月"和"清辉玉臂寒"会不会

比前两者更为高效。你又以为，李杜和佚名

原本就在另一宇宙中另一安史之乱中，

在暴风雨与梁祝与堂吉诃德与格尔尼卡与量子纠

　　缠中。

4

在无中。

5

人都在喂养自己的黑洞。

在梦幻中，时间和空间即将消失，

在现实中，卷也卷不赢躺也躺不平但并不缺少宿命。

6

一种恨意。

一种复活。

一种带着恨意的复活。

一切都是爱的变体。

一切以人类的残忍、堕落和针尖上的梦为营养。

2023 年

咏而归

你用眼睛歌唱，

用手指哭泣。

你邀请水，

感受水在水里的样子。

你邀请光，

感受光与暗共同的秘密。

音乐是你的本能，

你倾心于强烈的静寂。

美是你的姐妹，

你与她保持着距离。

爱是你的宗教，

你保留对他的怀疑。

你是你所不是的一切，

你和黑暗一样美丽。

2023 年

闪电花，或总要有个梦永无法实现

爱因斯坦说："宇宙最不可理解的事，就是宇宙是可以理解的。"这样的话是诗，也可视为对诗之为诗简明而神奇的洞见。关于诗歌的可解与不可解不易解不必解，艾略特所言也颇可玩味，"真正的诗歌，未待你理解，便会传达真义。"这两句话，代表了我目前对诗歌的综合认知与爱恨。好的诗歌，也就是这样的宇宙，这样的传达，展示着所有的绽放的过程，承受着误解，也赤裸于无限的可能和不可能。

一个人与诗歌的相遇，总有些偶然，又似乎是注定的。小时候，村里有几个知青紧邻着我家居住。其中一个女知青，她的衣着和言行是村中一些年轻人悄悄模仿而又不会轻易承认的，她和其他知青是港台流行文化（乃至欧美现代气息）涌入之前吹过乡村的一丝微风，一个起初以突入者、然后又以休止符的形式流动的谜。还有妈妈和"疯秀英"，她们一度是好朋友，妈妈语感好又很喜欢讲故事，而疯秀英的身世悲凉离奇，仿佛一首浸润在夜色中的混沌之诗。另外就是哥哥刘海涛，他写在书和本子上的"少年心事当拏云"，于四五年级的我是语词之光的初临；他每每根据影视主题曲的旋律，以周边事物为主题而即兴填词并唱出歌时的神采，像一个小魔术师；他十几、二十岁就写下几十页的自传，长久震撼了我。她、她、她和他可以说是我最初的"国"。他们是自身，而又融汇了太多时间的枝蔓和尘埃。

真正开始写诗是初中的事。入学一段时间后，在乡文化站办了一个借阅证。受一个练气功的同学的影响，集中浏览了一批旧书古书。作者为了说明"吐纳"的源流与妙处，往往会以诗相证，或援引一段佶屈聱牙的文言。此前虽也被迫或主动记诵了一些古诗文，但都没有特别被吸引，而莫名觉得这些旧书里的文字蛊惑人心。于是，偶尔会不由自主地写几首旧体诗，而今只记得几个残句，完整留存下来的是一首不太合格律的绝句，写于大学时代的1996年。

至于新诗，开始于初中高中之际，如今所存最早的是我写在家庭相册上稚拙的短章，据刘海涛回忆并从内容和字迹推断，是有感于家中新房落成而且中考顺利而作，应完成于这两件事所发生的1990

年秋（不会迟于1991年）。高一高二时，语文老师专门上过新诗课，并鼓励同学们当堂完成一首，记得自己写的是《蝴蝶》，具体内容无存了。当时班级和年级里有不少同学写诗（或歌），贺卡、纪念册和信件都是"发表"的园地，那是一个慌慌张张而又杂花生树的年代。

进了大学，一面是疯狂阅读，一面是各种写。那时疯起来一天能写好几首诗，那时太盲目，还不理解那句简单而残酷的话，"美是困难的"。1997年毕业之际自印了诗集《云》，共计两册，一册送出去，一册自存。软盘和纸本诗集在频繁的搬家过程中遗失，除了正式或非正式发表的和留存于信件书页上的作品，收入这个集子的诗都消失了。2004年，自印第二本诗集《白色的乌鸦》。此后，我的诗有过停滞，也有过几次或大或小或痛苦或幸运的变转。

在艰难、危险抑或幸运的时刻，诗人与世界往往更有动能也更有可能相互看见，甚至相互发明。就像里尔克所说，那是"严重的时刻"。严重或魅惑的时刻。

一方面，诗歌是自在的，隐秘而偶然，好的诗歌是一种"无"，逸出作者乃至时代；另一方面，现当代以来，作为一种存在一种能量，诗歌像是在思考着人类，一如它感受着世界。诗歌用幻想校正幻想，用真实锻造真实。有一类诗人的在场，是主动或被动地为喧哗的时代和骚动的语言"调音"，开始自己的言说，抑或唱出声来，不断引向新的自然，新的世界。

　　《乘一根刺穿越大海》是我正式出版的第一本诗集，却几乎是一个意外。感谢李宏伟兄的慨然邀约与无声督促，也难忘在义乌，他、黄德海和我三个人在等一位师友时各自说起自己的那个长夜。我近几个月一直在做最后的选择和梳理，打扰了几位可信赖的朋友（有机会单独写写其中有意味的细节），特别要讲一下胡腾兄，他除了多年来见证我一些诗的流转，对于诗的取舍和集子的编排也颇有见地。最初想强调一下"上海诗章"，后来觉得将这一系列作品解散穿插于其他诗歌中便好。还有就是，几乎从有意识地创作新诗之始，我就喜欢绝句的形式，多年来创作了一百余首这样的"当代绝句"，收录在这本集子里的计三十余首，它们像一块块会飞的石头，又仿佛悄悄返回枝头的苹果。在较长篇幅的作品中，我挑战更多的意义或无意义、纯诗或非诗，同时，探讨诗歌的自由与仪式感的问题，有破有立，走得越久越意识到要关注语言的形式就像关注"人类命运的形式"，并且"需要在形式上抵达某种深度"（威廉斯语）。此外，布洛克的话也带来启示："诗歌最难传达的意义往往是通过整首诗的音乐和音调揭示出来的。"就此，诗歌中一些人与物分裂了"我"的主权，一些字与词托身于万物，一些伤疤与俗常变成了翅羽，一些笑声与沉默化作了刺，美在变得可疑的同时变得强悍而缭绕，恶与罪则不是不可以被蔑视被打败被改变……作为作者，我失落，振奋，提醒自己淡然。敞开。然后。祈愿。

　　当将这些诗整理得越来越清晰，一个遥远的场景也渐渐明亮起来：小学乃至中学时多个暑假是在燕山脚下大姨家度过的，一次到山里游玩，我们到了一处比较偏且险的地方，途中发现一种花开在石头与树丛之间，艳丽醒目而又略显羞涩，我很好奇，表哥和表姐说这是"闪电花"，在雨中会更迷人。开学后的作文课上，我就写了与此花的遭逢。老师平时喜欢我的文字，但对这一篇没说什么，只是在"闪电花"旁打了个问号，仿佛在说真有这种花么，学名叫什么？那一刻，我失落而又无语。事后，再也没深入到那片山，也未遇见这种花。甚至一度忘记它，怀疑它的存在，而兄妹二人当初的神情是那么肯定，如在眼前。写此文时我有些犹豫，终于微信问起，表哥也还记得这花，不过他说如今山里不少地方没法去，很难看到，至于花的名字是老人们传下来的，具体没有考察过。

而今想来，很可能语文老师是对的，总有些事物近在眼前而又未必识其真容，总有些存在就像无理数 π，或许懂得如何计算但就是无法掬之于掌心，总有些发现或爱恨无从准确而传神地表达。于是我也像传说中的古罗马人那样，把闪电和闪电花一同埋入地下，埋入记忆深处。

人的痛苦就是被囚禁于现在，囚禁于此时此地，囚禁于此身（人）之中，而这也恰恰是财富之所在，好的诗歌总是自此时此地此身、自千端万绪缓慢或迅疾地涌起，同时又构成一种超越，一种僭越，迎向无尽的他者、无数的眼睛。

一朵闪电花开放在童年的雨中，也开放在南京东路的夜空。魂牵梦绕仍未能写出其神采。正是它教导我接受失败。总有些独一无二与神秘难以被赋形，就像人总要有个永无法实现的梦。

木叶

2024 年夏

图书在版编目（CIP）数据

乘一根刺穿越大海/ 木叶著 . -- 北京：作家出版社，
2024.11（2025.11 重印）-- ISBN 978-7-5212-3211-0

Ⅰ . I227

中国国家版本馆CIP数据核字第20244UQ216号

乘一根刺穿越大海

作　　者：木　叶
责任编辑：秦　悦　王　烨
装帧设计：刘十佳
出版发行：作家出版社有限公司
社　　址：北京农展馆南里10号　　邮　　编：100125
电话传真：86-10-65067186（发行中心）
　　　　　86-10-65004079（总编室）
E-mail:zuojia@zuojia.net.cn
http://www.zuojiachubanshe.com
印　　刷：北京博海升彩色印刷有限公司
成品尺寸：142×210
字　　数：98千
印　　张：9.25
版　　次：2024年11月第1版
印　　次：2025年11月第2次印刷
ISBN　978-7-5212-3211-0
定　　价：68.00元